GUOJI MAOYI SHIWU
KECHENG SIZHENG ANLI

国际贸易实务课程思政案例

主　编　高　洁
副主编　刘　远　许翼仙　汪冶蒙

中国财经出版传媒集团
经济科学出版社
Economic Science Press
·北京·

图书在版编目（CIP）数据

国际贸易实务课程思政案例 / 高洁主编；刘远，许翼仙，汪冶蒙副主编. --北京：经济科学出版社，2023. 12

ISBN 978-7-5218-5314-8

Ⅰ. ①国… Ⅱ. ①高… ②刘… ③许… ④汪… Ⅲ. ①思想政治教育-教案(教育)-高等学校 Ⅳ. ①G641

中国国家版本馆 CIP 数据核字（2023）第 202381 号

责任编辑：初少磊　尹雪晶
责任校对：易　超
责任印制：范　艳

国际贸易实务课程思政案例
高　洁　主编
刘　远　许翼仙　汪冶蒙　副主编
经济科学出版社出版、发行　新华书店经销
社址：北京市海淀区阜成路甲 28 号　邮编：100142
总编部电话：010-88191217　发行部电话：010-88191522
网址：www. esp. com. cn
电子邮箱：esp@ esp. com. cn
天猫网店：经济科学出版社旗舰店
网址：http：//jjkxcbs. tmall. com
北京季蜂印刷有限公司印装
787×1092　16 开　11.75 印张　190000 字
2023 年 12 月第 1 版　2023 年 12 月第 1 次印刷
ISBN 978-7-5218-5314-8　定价：45.00 元
（图书出现印装问题，本社负责调换。电话：010-88191545）

前言

习近平总书记在全国高校思想政治工作会议上指出："高校思想政治工作关系高校培养什么样的人、如何培养人以及为谁培养人这个根本问题。要坚持把立德树人作为中心环节，把思想政治工作贯穿教育教学全过程，实现全程育人、全方位育人，努力开创我国高等教育事业发展新局面。"习近平总书记还强调："要用好课堂教学这个主渠道，思想政治理论课要坚持在改进中加强，提升思想政治教育亲和力和针对性，满足学生成长发展需求和期待，其他各门课都要守好一段渠、种好责任田，使各类课程与思想政治理论课同向同行，形成协同效应。"因此，引导青年学生自觉地将自身成长融入国家进步与社会发展之中，肩负起民族复兴的时代重任，是高等教育的立身之本。

广东外语外贸大学南国商学院国际经济与贸易专业是广东省一流专业建设点，建成了国际经济与贸易专业课程思政省级示范团队，以课程思政示范课为抓手，积极推动课程思政改革创新，围绕专业课程与课程思政理念融合、课程思政教学内容与方法、课程思政教学评价与反馈等方面展开了深层次研究，使课程思政理论研究更具实践价值。

国际贸易实务课程是国际经济与贸易专业的核心课程之一，是培养学生掌握国际货物贸易流程、学会进出口业务操作的主要课程。通过课程思政教学改革创新，让学生理解国际贸易是构建人类命运共同体，世界各国家、民族互通有无，共商共建，共享贸易红利的必然选择；树立政治认同，理解在中国式现代化建设中，进一步深化改革开放，推动产业链和价值链攀升，促进"一带一路"建设与民族复兴，拉动国内消费升级，是扩大高水平对外开放的必由之路；培养学生真实无欺的求是精神、公正的处事态度、公而忘私的道德观念和自觉守法的法纪观念，增强学生守法诚信的职业观；增强"四个自信"，培养学生自觉融入民族复兴伟业的意识，将自己的职业和民族复兴、人类命运共同体联系在一起。

本书编撰于国际贸易从“量”的发展转入“质”的背景下，结合跨境电子商务和国际贸易新商业模式的出现，选编相关国际货物贸易案例进行解析。本书的编写特点是，每章由章前导读、案例分析与思政元素三部分组成，每个案例包括案例介绍和案例分析两个板块。案例均以习近平新时代中国特色社会主义思想为理论根据，以价值引领为根本，以扎根中国大地为基础，以中国实践为依托，力求实现知识传授和价值引领相统一、教书与育人相统一。本书适合从事国际经济、国际贸易、国际金融、国际企业管理、国际商法的本专科生、研究生、专业教师和专业研究人员作为专业教学与研究用书，也适合从事实际工作的相关人员及其他对该领域有兴趣的人士作为学习参考用书。

本书由广东外语外贸大学南国商学院国际经济与贸易专业教师共同编写。参与本书编写的人员分工是：第一章由肖志坚博士编写，第二章由钟晓凤博士编写，第三章、第四章、第五章、第十一章由高洁副教授、许翼仙律师共同编写，第六章由夏海霞副教授编写，第七章由胡萍副教授编写，第八章、第十二章由刘远老师、汪冶蒙律师共同编写，第九章由杜可君老师编写，第十章由郭烨副教授编写。本书由高洁副教授确定写作理念、拟定写作大纲、设计各章关键词及写作导向，并对全书进行修改、增删、总纂定稿；由湖北江衡律师事务所许翼仙主任、湖北汉丰律师事务所汪冶蒙主任对全书法律问题和法律条款进行审核及修订。

本书得到省级一流本科专业建设点“广东外语外贸大学南国商学院国际经济与贸易专业”、广东省教育厅本科高校课程思政改革示范项目“国际经济与贸易专业课程思政示范团队”、广东省教育厅本科高校教学质量与教学改革工程建设项目“国际商务教学团队”（SJ－JXTD2020－002）的支持，特此致谢。

本书中的做法和经验可以学习借鉴，但不宜生搬硬套，案例内容编写也可能存在不完善的地方，敬请读者批评指正。

CONTENTS

目录

第一章

Chapter 1

贸易术语与国际贸易惯例

第一节 章前导读

一、教学目标

1. 知识目标

强化对贸易术语作用的重要性的理解。

2. 能力目标

熟知主要的国际贸易惯例，掌握各种贸易术语项下买卖双方所应承担的责任、费用和风险，在国际贸易实操当中避免或解决贸易争端。

3. 价值目标

社会主义核心价值观中的诚信是人类社会千百年传承下来的道德传统，也是社会主义道德建设的重点内容，它强调诚实劳动、信守承诺、诚恳待人。通过本章的案例分析，理解贸易术语和国际惯例背后暗含的诚信和契约精神，成为诚实守信、终身学习的外贸职业人。

二、教学内容

贸易术语（trade terms），又称贸易条件、价格术语。它是在长期的国际贸易实践中产生的，用来表明商品的价格构成，说明货物交接过程中有关的风险、责任和费用划分问题的专门用语。

贸易术语所表示的贸易条件，主要分两个方面：其一，说明商品的价格构成，是否包括成本以外的主要从属费用，即运费和保险；其二，确定交货条件，即说明买卖双方在交接货物方面彼此所承担的责任、费用和风险的划分。

贸易术语的作用：第一，简化交易磋商手续，缩短成交时间，节约费用开支；第二，有利于交易双方进行比价和加强成本核算；第三，有利于解决贸易争端。

有关贸易术语的主要国际贸易惯例有：（1）《1932 年华沙—牛津规则》，只有 CIF 一种贸易术语；（2）《1941 年美国对外贸易定义修订本》，有 6 种贸易术语；（3）国际商会《国际贸易术语解释通则 2000》（INCOTERMS 2000），有 13 种贸易术语，大多数国家适用《国际贸易术语解释通则 2000》；（4）国际商会《国际贸易术语解释通则 2010》（INCOTERMS 2010），有 11 种贸易术语，于 2011 年元旦开始实行，因无强制性，业界对其反应冷淡；（5）2020 年 1 月 1 日国际商会制定的《国际贸易术语解释通则 2020》（INCOTERMS 2020）正式生效，相对于 2010 年版本，贸易术语数量和种类不变，在具体操作细节上进行了适当调整和补充，解释更加详细和人性化，譬如对贸易术语的解释更加清晰，对交易双方承担的费用和责任的界定更加明确具体，增加安保分配规则，对某些贸易术语的具体内容和实施进行调整。

因此贸易双方在使用贸易术语时，应该注明使用的是哪个版本，避免不必要的误会而导致贸易纠纷。由于目前的国际货物贸易都是通过海洋运输，所以接下来在案例分析部分着重阐述使用 FOB 和 CIF 时所遇到的风险以及如何避免。

第二节 案例分析

案例 1.1

FOB 下货运代理应否承担货物灭失的赔偿责任

【案例介绍】

2020 年 5 月 7 日，福建 A 公司与香港 B 公司签订了服装销售合同，成交条件是 FOB 厦门，按信用证要求装运。5 月 20 日，B 公司向 A 公司传真告知福建顺福货运公司（以下简称顺福货运）地址、电话、传真号和联系人等。A 公司遂将本公司的出口货物明细表传真给顺福货运，后顺福货运出具进仓单，通知 A 公司将上述货物在规定的期限内送至指定仓库。A 公司交货后，顺福货运以 A 公司名义办理了装货、商检、报关等事宜。货物实际由香港 C 公司（以下简称 C 船务）承运，C 船务于货物装船后签发了四套厦门至吉大港的全程提单。涉案提单加注了签单人 C 船务及卸货港船公司代理的地址、电话和传真号码。

据调查，C 船务委托顺福货运联络发货人 A 公司，安排厦门至香港的一程货物运输和报关，完成货物从发货人到 C 船务的交接。双方还约定了具体的代付运费和操作费金额。顺福货运向实际承运人戊船务公司订舱后，货物运至香港后，均向 C 船务汇报船名、开航日期、提单号等情况。货物运至香港后，被 C 船务凭戊船务公司提单提取。2020 年 6 月 19 日，顺福货运收取 C 船务通过银行转账所支付的一程运费。货物出运后，A 公司用 C 船务提单向银行议付，开证行以签名系伪造为由而退单。A 公司即要求顺福货运通知承运人 C 船务扣货并将货物退运回厦门，但四套提单项下的货物及 C 船务均已下落不明。A 公司遂提起本案诉讼，要求顺福货运承担货物灭失的赔偿责任。经查，香港商业登记署没有 B 公司和 C 船务的登记资料。

审理结果如下：一审法院经审理认为，A 公司通过出口货物明细表委托顺福货运出运货物并取得提单，顺福货运代办货物报关、订舱等业务，双方存在事实上的货运代理关系。但顺福货运的代理行为符合国际货运代理人的操作惯例和基本义务，并无过错，A 公司确认并取得提单时，对 C 船务承运人的地位已表示认同。A 公司货物失控、收款未成，是其确认并接受 C 船务提单所造成的风险结果，与顺福货运的代理行为没有因果关系。遂对 A 公司要求顺福货运赔偿损失的诉讼请求不予支持。

一审判决后，A 公司不服，提起上诉。二审法院经审理认为，A 公司与顺福货运之间不存在委托订舱的法律关系。本案所涉货物以 FOB 价格条件（装运港船上交货）成交出口，在贸易双方无特别约定的情况下，租船订舱是买方义务，A 公司作为卖方无须委托他人订舱出运货物，顺福货运应是接受涉案提单承运人的委托进行订舱。当 A 公司确认和取得提单时，其对顺福货运系承运人代理人的身份应是清楚的，不足以证明双方存在委托订舱关系。此外，C 船务已向顺福货运支付一程海运费的事实，也可佐证顺福货运系买方指定的承运人 C 船务的装货港代理人，顺福货运关于其接受 C 船务的委托接收货物，向实际承运人订舱的陈述是合理、可信的。从现有证据分析，涉案货物灭失可能系贸易买方欺诈所致，A 公司不能证明顺福货运明知或参与欺诈，应自行承担商业风险。顺福货运为涉案货物全面、正确地代办了报关、报验、装船等货代事宜，其行为与货物灭失没有因果关系。故 A 公司主张顺福货运代理承担过错，应承担赔偿责任的上诉理由没有事实和法律依据，其诉讼请求不能予以支持。同时，原判决认定双方存在委托订舱的法律关系证据不足，应予纠正。

【案例分析】

本案中的货运代理人顺福货运是否应当承担货物灭失的赔偿责任？一审、二审对此的判决从结果上看似乎是一致的——对被代理人 A 公司的诉讼请求不予支持，但依据的理由却截然不同。一审认为 A 公司与顺福货运存在委托订舱的法律关系，顺福货运的代理行为没有过错因而不承担责任；二审则认为双方之间不存在委托订舱的法律关系，A 公司基于货运代理合同关系要求顺福货运承担代理不当责任的理由不能成立。由此可见，本案最大的争议焦点就是 A 公司与顺福货运之间是否存在委托订舱的法律关系。

首先，本案所涉货物以 FOB 价格条件成交出口，在贸易合同双方无特别约定的情况下，租船订舱是贸易合同买方的义务，A 公司作为卖方没有义务委托他人订舱出运货物。

其次，货运代理人的业务范围所含甚广，包括向承运人订舱、与货主和承运人交接货物、装箱、报关、报验、仓储等。这些事项属于双方自由约定的合同义务，可以由当事人在货运代理合同中选择若干作为委托内容，而不是货代必须全部履行的法定义务，不能根据货代公司代办了部分事宜就推断出其必然代办包括订舱在内的全部货代业务；A 公司与顺福货运之间没有货运代理的书面协议，顺福货运向实际承运人订的舱位是从厦门至香港的运输，也不符合 A 公司上海至吉大港的所谓订舱要求。从现有证据分析，顺福货运的行为仅表明其以 A 公司的名义办理了货物的装箱、商检、报关等事宜并收取了相关费用，两者之间仅存在这些特定事项方面的货运代理关系。

最后，在货物出运前，买方传真告知了 A 公司装货港联系的承运商是谁，表明买方此时已经选择了承运人。从“承运商”字面理解，顺福货运应是承运人或承运人的装货港代理人。当 A 公司确认并在取得承运人 C 船务提单后不表示异议，则说明其对于顺福货运系承运人代理人的身份是清楚的。此外，C 船务已向顺福货运支付一程海运费的事实，也可佐证顺福货运系买方选择的承运人 C 船务的装货港代理人，顺福货运关于其接受 C 船务的委托收取货物、向一程船实际承运人订舱的陈述是合理、可信的。

综上所述，从本案事实和证据的角度分析，顺福货运的法律地位应是承运人 C 船务的装货港代理人，托运人 A 公司与顺福货运之间并不存在委托订舱的法律关系。A 公司基于货运代理合同关系要求顺福货运承担代理不当责任的理由不能成立。

那么，作为承运人的装货港代理人，从侵权赔偿的角度看，顺福货运是否应当与承运人共同承担货物灭失的连带责任？答案是顺福货运不应承担责任。理由是：首先，顺福货运的代理行为并不存在过错。从现有证据分析，涉案提单由 C 船务制作，签发给 A 公司，而不能证明是由顺福货运代理 C 船务完成了这些具体行为；作为 C 船务的装货港代理人，顺福货运为其代理的仅是货物从发货人到承运人 C 船务之间的交接，顺福货运的行为符合国际货代的操作惯例，并无不当。即使顺福货运在 C 船务提单的流转过程中起到了传递信息及运输单证的作用，其对于传递的提单性质并无审查的法定义务，即使事后证明提单存在问题，也不能必然得出转交提单的人“知道被代理的事项违法仍进行代理活动”的结论，更不能据此认定顺福货运知道或参与了欺诈。

其次，顺福货运为C船务进行的代理行为与A公司货物灭失之间没有必然的因果关系。在没有特别约定的情况下，FOB条件的贸易合同通常由买方负责订舱运输，本案中买方传真向A公司告知承运商（或其代理人）的行为表明其已经对承运人做出了选择，而A公司在确认、取得提单并交货时未提异议，该行为是对承运人依据提单占有运输货物的认可。可见，A公司收款未成、货物失控，是其接受FOB合同、带有“软条款”的信用证及承运人的提单所造成的风险结果，与顺福货运的代理行为并无必然的因果关系。

案例1.2

CIF下贸易合同延迟交货的责任

【案例介绍】

2021年3月12日，中国A公司与加拿大B公司签订一笔小麦进口合同，合同条件CIF上海，支付方式为不可撤销即期信用证，交货期为2021年5月29日。中国A公司4月10日向对方开出信用证，加拿大B公司按照合同规定的时间与装运条件发运了货物。5月31日，加拿大B公司以传真通知中国A公司：“装运给贵公司的1万吨小麦和发运给广西北海港的5000吨小麦同装在SXJ船上。”中国A公司收到传真后，立即通知加拿大B公司，这条船应先靠上海港再驶往北海。加拿大B公司复传真说：“我们已按贵公司要求传真通知船公司，请SXJ船先靠上海港。”但该船实际上先靠了北海港，并且在北海停留卸货与检修了近1个月后才驶往宁波港。这时国际市场小麦价格已下降，国内买家以未按期交货为由要求终止合同，并向卖方索赔未果，为减少损失中国A公司只能以降价卖出。结果使得中国A公司不但得不到预期利润10万元人民币，反而损失10万元人民币，共计损失20万元人民币。于是，中国A公司以对方违约迟延交货为由向加拿大B公司索赔，加拿大B公司认为在CIF合同下，作为卖方，其已经在合同规定的期限内在装运港把货物装上船，即已经完成了交货义务。至于货物何时抵达目的港，系船方所为，并非加拿大B公司所能控制的，拒绝了中国A公司的要求。中国A公司将争议提交仲裁庭进行仲裁。

仲裁庭经合议后，裁决如下。

第一，加拿大B公司在合同规定的期限内，将合同货物装上船，并向议付行提交了装运单据。为此，加拿大 B 公司已经完成了 CIF 条件下的交货义务。

第二，依据国际贸易习惯，发货人没有义务，也无法保证载货船舶何时抵达何港口或先靠何港口。除非发货人作了明确的承诺，否则不应对此承担责任。本案发货人加拿大 B 公司通知收货人中国 A 公司“我们已按贵公司要求传真通知船公司，请 SXJ 船先靠上海港”。加拿大 B 公司已尽到责任，通知了船公司，但这并不构成发货人的正式承诺。因此，它对载货船舶先靠北海港这一事实不应承担责任。

因此，仲裁庭驳回了中国 A 公司的申诉，并由中国 A 公司承担仲裁费用。

【案例分析】

本案涉及 CIF 贸易术语的交货责任。CIF 贸易术语是“Cost, Insurance and Freight (. . . named port of destination)”贸易术语的缩写，即成本、保险费加运费（……指定目的港）。按国际商会《国际贸易术语解释通则 2020》的规定，按 CIF 贸易术语成交，是指卖方必须在合同规定的日期或期间内在装运港将货物交至运往指定目的港的船上，负担货物装上船前的一切费用和货物灭失或损坏的风险，负责租船订舱，支付从装运港到目的港的正常运费，并负责办理货运保险，支付保险费。《国际贸易术语解释通则 2020》中在 CIF 项下 A4 款有关卖方交货义务是这样规定的：“卖方必须在装运港，在约定的日期或期间内，将货物交至船上。”可见，卖方只要签订了运输合同，把货物交付到装运港船上并办理保险后，即履行了合同义务。无疑，按国际贸易惯例，加拿大 B 公司已经完成了交货义务。

此外，加拿大 B 公司回复传真说“我们已按贵公司要求传真通知船公司，请 SXJ 船先靠宁波港”，是否构成对中国 A 公司的承诺呢？答案是否定的。加拿大 B 公司只是履行了贸易伙伴的责任，例行公事地按进口商的要求通知船公司“请 SXJ 船先靠上海港”，而不是在合同或信用证中做出的明确承诺。实际上，在 CIF 条件下，加拿大 B 公司不可能也没必要做出明确承诺，因为它根本无法保证该船究竟何时靠岸。

国际商会《国际贸易术语解释通则 2020》在序言中特别指出，在 CIF 贸易术语下，“具体而言，卖方不应当承担任何保证货物抵达目的地的义务，因为在运输途中任何迟延的风险应由买方承担。因此，涉及时间的任何义务必须表明装船地或发货地，例如‘运（发）货不迟于……’。像‘CFR 汉堡不迟于……’这样的一份协议属于用词不当，并会引起不同的解释。当事人的意思可能被认为是货物必须在规定的日期抵达汉堡，在这种情况下该合同不是装运合同而是到货合同；另一种可能的理解是，卖方发运货物的时间必须是使其在通常情况下能在规定的时间前抵达汉堡，除非发生意外事件耽误运输”。

那么，中国 A 公司可以向船公司索赔吗？实际上这种可能性是不存在的。第一，中国 A 公司不是运输合同的当事方，无资格主张权利，只有加拿大 B 公司才可以向船公司索赔，当然从商业信誉或道义上说，加拿大 B 公司应当向船公司索赔，然后将索赔款转给中国 A 公司。但该运输合同未必会订立到岸期限的条款（本案是在运输合同签订后提出的要求），即使订立也会有许多免责条件，如本案中要求船舶在北海港检修。第二，《统一提单的若干法律规则的国际公约》（海牙规则）没有明确规定迟延交货的赔偿责任，虽然《1978 年联合国海上货物运输公约》（汉堡规则）有规定，但中国尚未参加。本案的中国甲公司只有独吞“苦果”。

因此，在大宗进口合同中，为控制交货期，要慎用、少用 CIF 贸易术语，而应用 FOB 贸易术语（买方租船订仓），或使用 DES 目的港船上交货（……指定目的港）、DEQ 目的港码头交货（……指定目的港）。CIF 条件在进口中，一般适用于小宗、零星货物进口，或使用班轮运输条件的情况。大宗进口合同如使用 CIF 贸易术语，为保证到货安全，有必要在合同中规定外方（卖方）租用信誉好的船公司承运进口货物，以防船公司为补充燃料或以其他理由单方面决定“合理”停靠低价燃料港或途中拉拢其他客户而耽误船期。

案例 1.3

内陆出口选择 CIF 还是 CIP?

【案例介绍】

2021 年 8 月，英国甲公司与中国乙公司签订一批餐具销售合同，价格条件为 CIF 伦敦，支付条件为承兑交单 D/A，乙公司需要提供已装船提单等有效单证。乙公司随后与丙运输公司签订运输合同。10 月初乙公司将货物备妥，装上丙运输公司派来的货车。英国甲公司收货后来电称 4 箱具有碰伤，其余货物可能受振动，要求全部降价 5%。经丙运输公司证实，货物碰损是由于在装船前汽车运输途中发生车祸所致。乙公司回电据理力争，同意受碰伤的两箱餐具降价 5%，但认为其余货物并未碰损，不能降价。但英国甲公司坚持要求全部降价，乙公司担心甲公司拒付货款，最终还是做出让步，受碰伤的两箱降价5%，其余降价2.5%，为此受到货价等有关损失共计达8万美元。

事后，乙公司作为托运人又向丙运输公司就有关损失提出索赔。对此，丙运输公司同意承担4箱碰损货物的损失，理由是除4箱货物之外的降价是乙公司自己与英国甲公司的协商所致，与己无关。乙公司却认为货物降价及利息损失的根本原因都在于丙运输公司的过失，坚持要求其赔偿全部损失，遂根据运输合同的仲裁条款请求仲裁委员会裁决。

双方经仲裁庭调解后，达成调解协议：丙运输公司承担4箱碰损货物的降价损失，赔偿损失共计2.5万美元。其余货物降价及利息损失由乙公司承担，实际损失5.5万美元。

【案例分析】

在采用CIF术语订立贸易合同时，乙公司同时以托运人的身份与丙运输公司签订运输合同。乙公司在向丙运输公司交付货物，完成运输合同项下的交货义务后，并不意味着已经完成了贸易合同项下的交货义务。乙公司仍要因货物装上船前的一切风险和损失向英国甲公司承担责任。而在货物交由丙运输公司掌管后，托运人（乙公司）已经丧失了对货物的实际控制权。丙运输公司货物的保管、配载、装运等都由其自行操作，托运人只是对此进行监督。让乙公司在其已经丧失了对货物的实际控制权的情况下，继续承担责任和风险，尤其是从内陆地区装车到港口装上船前，中间要经过一段较长的时间，谁都无法预料会发生什么事情。在此期间如果发生货损，乙公司向英国甲公司承担责任后可依据运输合同再向丙运输公司索赔，转移其经济损失。但由此而引起的货价损失、利息损失只能由出口公司负责。这似乎不合理，但在使用CIF贸易术语时，只能如此。因此，本案涉及贸易术语的选择及其风险的承担。

根据INCOTERMS 2020的规定，CIP与CIF这两种术语有很多相似之处，两者均属装运地交货，其合同性质都为付运合同。主要表现在：价格构成因素中都包括了通常的运费、保险费，即运输合同、保险合同都由卖方负责订立；交货地点均在出口国的约定地点。本案的出口、进口清关责任划分是：乙公司负责出口清关，英国甲公司负责进口清关；风险在交货地点交货完成后转移给买方，而运费、保险费却延展到目的地（港）。但 CIP 与 CIF 两者也有明显不同，也正是这些不同使 CIP 术语比 CIF 术语更适合内陆出口业务。

从适用的运输方式看，CIF 只适用于水上运输方式（海运、内河航运），CIP 适合任何运输方式。CIP 比 CIF 更灵活，更适合内陆地区出口。因此，如果对方同意，乙公司应选择 CIP。

从风险责任划分看，在 CIF 术语下，乙公司同时以托运人的身份与运输公司即丙运输公司签订运输合同，买卖合同与运输合同项下交货义务的分离使风险转移滞后于货物实际控制权的转移。乙公司是在装运港交货；买卖双方以是否装上船划分风险，在货物装船前，不管货物处于何方的实际处置之下，卖方都要向买方承担货损等责任。在使用 CIP 术语时，乙公司风险与货物的实际控制权同步转移，责任可以及早减轻。CIP 术语下交货地点比较灵活，由双方约定，可以是港口，也可以是内陆地区，但无论在哪里，乙公司的责任都以货交丙运输公司处置时为止，乙公司只负责将货物安全移交至丙运输公司即完成自己的销售合同和运输合同项下的交货义务，此后货物发生的一切损失均与乙公司无关。

从使用的运输单据看，在 CIF 条件下，出口方提交可转让提单、不可转让海运单或内河运输单据，内陆地区出口一般是走陆路，如本案中，丙运输公司签发陆运单或陆海联运提单而不是 CIF 条件要求的运输单据。这样，只有当货物运至装运港装船后乙公司才能拿到提单或得到在联运提单上“已装船”的批注，然后再结汇。CIP 涉及的运输单据范围通常要大于 CIF，因具体运输方式不同可以是前面提到的 CIF 使用的单据，也可以是陆运运单、空运单、多式联运单据。使用 CIP 术语有利于内陆出口业务在当地交单结汇。这样，缩短了结汇和退税时间，提高了出口公司的资金周转速度。在本案中，如果使用 CIP，可凭丙运输公司内地接货后签发的单据在当地交单结汇，乙公司虽然需要就货损对英国甲公司负责，但可以避免货价损失和利息损失。

第三节 思政元素

在 2020 年 9 月召开的教育文化卫生体育领域专家代表座谈会上，习近平总书记指出，要完善全民终身学习推进机制，构建方式更加灵活、资源更加丰富、学习更加便捷的终身学习体系。国际贸易术语的学习也是终身学习的体现，作为在解释国际贸易术语中使用范围最广、影响力最大的国际惯例——国际商会制定的《国际贸易术语解释通则》，该惯例于 1936 年初次制定，历经 1953 年、1967 年、1976 年、1980 年、1990 年、2000 年、2010 年、2020 年八次修订，自 1980 年开始以后每十年修订一次。在学习贸易术语与国际惯例时，教师要鼓励学生了解新旧版本的区别，譬如贸易术语数量的变化，同一贸易术语的责任、风险与费用划分的变化，各种贸易术语适用的范围等。要培养学生终身学习的意识，也要引导学生分析新版本带来的影响，培养学生勤思考、多动脑的习惯。案例 1.3 的出口公司（中国乙公司）对于 CIF 与 CIP 的风险划分区别认识不够，由于货物从内陆出口，运输不仅涉及海洋运输，还涉及公路、铁路运输等。CIF 适用于海洋运输，所以在货物装船、陆路运输中的风险是卖方承担的；CIP 适用于任何运输方式，卖方的风险在货交承运人的时候就转移给买方。如果对这两种贸易术语非常熟悉，中国乙公司就可以避免货价损失和利息损失。

党的十八大报告明确指出要培育和践行社会主义核心价值观。诚信作为社会主义核心价值观之一，被中华民族视为行为规范和道德修养，也是社会主义道德建设的重点内容，它强调外诚于人、内诚于心。在学习有关贸易术语的国际惯例时，教师要培育学生逐渐养成严谨细致、诚信守约的职业精神，同时在教学中应注重培养学生作为外贸人应具有的法律意识和契约精神、严谨务实的作风，教育学生按照法律和国际惯例开展贸易活动。案例 1.1 的进口公司（B 公司）与 C 船务勾结欺诈出口公司（A 公司），该进口公司的行为是非诚信的行为，没有契约精神；出口公司对适用于海洋运输方式的贸易术语 FOB、CFR 和 CIF 的风险认识不够，CIF 对卖方的风险是最小的，FOB 对卖方的风险是最大的，前者因为卖方负责运输，货物的所有权还是在卖方的掌控下，而后者是买方负责运输，一旦装船货物的所有权就落入买方手中。对于卖方来说，如果买方是第一次与之合作，卖方应该使用 CIF。因此，在讲述贸易术语和国际惯例时，教师在案例分析时，要向学生强调诚信、契约精神和终身学习的重要性，培育学生做一个诚实守信、终身学习的职业外贸人。

另外，要树立平等协商、互利共赢、共享贸易红利的发展观。习近平总书记在2021年博鳌亚洲论坛开幕式上发表主旨演讲时强调："我们应该秉持共商共建共享原则，坚持真正的多边主义，推动全球治理体系朝着更加公正合理的方向发展。要维护以联合国为核心的国际体系，维护以国际法为基础的国际秩序，维护以世界贸易组织为核心的多边贸易体制。"当前，保护主义、单边主义明显上升，"脱钩断链"扰动世界，制度障碍未从根本上消除，因此更需要以务实行动打破壁垒，弘扬真正的多边主义，促进开放的地区主义，合作共赢提振信心。中国已主动张开双臂，敞开怀抱，从稳步扩大规则、规制、管理、标准等制度型开放，到加快构建新发展格局、持续扩大市场准入等，着力推动高质量发展，扩大高水平对外开放，不断以中国新发展与世界共享机遇，共谋发展。

第二章

Chapter 2

合同的主体与标的

第一节 章前导读

一、教学目标

1. 知识目标

通过本章的学习，了解国际货物买卖合同中的主体与标的，了解商品的名称、品质、数量和包装条款在合同中的意义，掌握有关商品的名称、品质、数量和包装条款的内容、约定方法及注意事项。

2. 能力目标

通过将教学内容与案例分析结合，对本章重点和难点知识进行强化，增强对商品名称、品质、数量及包装条款知识的应用能力。

3. 价值目标

通过将思政元素和本章知识点进行融合，强调在对外贸易中要严格按照合同保证商品品质、数量及包装满足合同条款要求，提升专业素质和在平等、法律及诚信等方面的意识。

二、教学内容

本章教学内容为合同的主体与标的的基本概念和内容介绍，其中教学重点为品质的含义及表示方法、数量及计量单位以及包装的种类，教学难点为品质的含义及表示方法。

合同的主体和标的是合同的重要条款。合同的主体是指具有缔约能力的合同当事人。当事人条款主要内容包括当事人名称和当事人地址。约定当事人条款时需注意以下三点：第一，当事人必须具有缔约能力；第二，当事人名称必须表述准确；第三，当事人地址应正确、详细。

合同的标的是指合同法律关系的客体，应有具体的名称、一定的质量，且大多数标的物有适当的包装。在国际贸易商品买卖中，标的是一笔交易得以进行的物质基础，是国际货物买卖合同中必不可少的条款，同时也是法律和业务的需要。一般来说，国际商品买卖重要构成标的，必须具备三个条件：第一，必须是出口方所占有的；第二，必须是合法的；第三，必须是双方当事人一致同意的，即一方有效发盘另一方正当接受，双方意见一致达成交易的。

商品名称（品名）是指能使其与其他商品区分开的一种概念或特有称呼，通常用于体现商品的自然属性、主要用途与性能特征。在国际货物贸易中，每笔交易的标的都有其具体的名称。因此，买卖双方洽商交易时，首先应就交易标的谈妥，并在买卖合同的品名条款中具体订明，以便于合同的履行。在规定品名条款时需注意以下四点：第一，品名必须明确、具体；第二，必须针对商品实际作出实事求是的规定；第三，尽可能使用国际上通用的名称；第四，注意选用合适的品名。

商品品质是商品的外观形态和内在质量的综合。商品品质表示方法主要包括两种：一种是用实物表示，如看货买卖或凭样品买卖；另一种是凭说明表示，如规格、等级、标准、商标和牌号、说明书和图样或产地名称。根据《联合国国际货物销售合同公约》（CISG）的规定：卖方交货必须符合约定的质量，如卖方交货不符合约定的品质条件，买方有权要求损害赔偿，也可要求修理或交付替代货物，甚至拒收货物和撤销合同。

商品数量是指一定的度量衡单位表示的商品的重量、数量、长度、面积、体积、容积等。商品数量是国际货物买卖合同中不可缺少的主要条件之一。买卖合同中数量条款，主要包括成交商品的数量和计量单位。按重量成交的商品，还需订明计算重量的方法。数量条款的内容及其繁简，应视商品的特性而定。《联合国国际货物销售合同公约》规定，按约定的数量交付货物是卖方的一项基本义务。如卖方交货数量大于约定的数量，买方可以拒收多交的部分，也可以收取多交部分中的一部分或全部，但应按合同价格付款；如卖方交货数量少于约定的数量，卖方应在规定的交货期届满前补交，但不得使买方遭受不合理的不便或承担不合理的开支，即使如此，买方也有保留要求损害赔偿的权利。

商品包装是指为了有效保护商品品质的完好和数量的完整，采用一定的方法将商品置于合适容器的一种措施。根据包装在流通中所起的作用，主要分为运输包装和销售包装。按照某些国家的法律规定，如卖方交付的货物未按约定的条件包装，或者货物的包装与行业习惯不符，买方有权拒收货物。如果货物虽按约定的方式包装，但与其他货物混杂在一起，买方可以拒收违反规定包装的那部分货物，甚至可以拒收整批货物。

第二节 案例分析

案例 2.1

国际货物买卖合同主体争议案

【案例介绍】

1988 年北京某贸易公司与日本某商事株式会社订立了一份国际货物买卖合同，

约定由北京某贸易公司（卖方）向日商出售700吨银杏，买方须于1988年6月15日前开出不可撤销的可转让的即期信用证，卖方收到信用证后6个月内分批供货。合同签订后，北京某贸易公司与江苏某贸易中心订立了委托出口协议。协议约定某贸易中心委托北京某贸易公司出口银杏700吨，交货期为1988年底。协议签订后，江苏某贸易中心即着手银杏的收购工作，共收购银杏430多吨。江苏某贸易中心多次催促北京某贸易公司按协议办理出口，同年11月日商到中国查看了江苏某贸易中心入库的银杏，认为质量符合要求。但履行期届满时北京某贸易公司未能按委托协议的规定履行出口任务，原因是日方不要货，只在1989年1月出口了100吨，余下的300多吨没能出口给江苏某贸易中心，造成了重大经济损失。由于双方协商不成，江苏某贸易中心遂于1989年5月向江苏某中级人民法院起诉，请求人民法院判令北京某贸易公司承担违约责偿经济损失。一审、二审判决北京某贸易公司败诉并要求其赔偿江苏某贸易中心的经济损失。江苏省高级人民法院的判决理由是：(1) 委托出口协议明确规定，江苏某贸易中心委托北京某贸易公司出口银杏700吨，受托方北京某贸易公司只收取手续费，即占合同总金额的3%，外汇留成双方按比例进行分配。按国家当时进口的政策，符合委托出口的规定。(2) 北京某贸易公司未按照委托出口协议出口，已构成违约，当日商违反与该贸易公司所签订的国际货物买卖合同时，又拒不向外索赔，以至于超过了索赔期限。

【案例分析】

代理人（agent）是国际贸易活动中的重要当事人之一。一般来说如果代理人未取得本人的合法授权，就认为缔结合同的主体不具备法定资格，所订合同因此无效。1983年2月15日，国际统一私法协会制定通过《国际货物销售代理公约》，该公约是调整国际商事代理关系的一项重要的国际公约，对代理权的确定和范围、代理行为的法律效力、代理权的终止等都作了详细的规定。外贸代理制是调整中国对外贸易活动的重要法律制度，它是中国外贸体制改革的产物，有关立法是1991年8月29日对外经贸部颁发的《关于对外贸易代理制的暂行规定》（以下简称《暂行规定》）。该《暂行规定》把中国的外贸代理分为两大类，分别适用不同的法律来调整。对于有对外贸易经营权的公司、企业代理另一有对外贸易经营权的公司、企业办理进出口业务，若代理人以被代理人名义对外签订合同，则适用《中华人民共和国民法通则》中有关代理制度的规定加以调整；如果代理人以自己的名义对外签订合同，则适用《暂行规定》加以调整。对于无对外贸易经营权的公司、企业、事业单位或个人委托有对外贸易经营权的公司、企业办理进出口业务，也须适用《暂行规定》加以调整。

案例 2.2

出口商品质量缺陷致撤销合同案

【案例介绍】

2021 年 5 月 11 日，管道公司（买方）通过电子邮件与海源公司（卖方）联系，表示管道公司需要无缝钢管材料，请海源公司提供最优惠的报价及发货时间，注明：

（1）所有的材料应是无缝的；

（2）FOB 中国天津港价格；

（3）请单独报价 FOB 巴塞罗那（西班牙）价格；

（4）每捆的详细件数、每件的尺寸以及局部和全部的重量；

（5）商品 150 是 1 件；

（6）商品 27－28－80－150（WP11）无缝弯管 90oLR；

（7）商品 38－39 无缝偏心异径管；

（8）商品 56－58－59－60－93－94 无缝异径三通；

（9）商品 57 无缝等径三通；

（10）商品 63－64－96 无缝 c. s. 管（米）。

海源公司向管道公司发送了相关产品的价目表，注明：

（1）该价格是 FOB 中国新港，货币单位为美元；

（2）付款方式是电汇，预付 30%，装运前付余款；

（3）交货时间为收到预付款后 50 天；

（4）价格有效期为 5 天；

（5）所有的货物将被装载在 3X40GP 集装箱内，新港到巴塞罗那的海运费大约为每 40GP 集装箱 3050 美元；

（6）所有的货物都是真正无缝的、斜切的、标识的，以及是黑漆的；

（7）所有管件都是根据 ANSIB 16.9 标准制造的，管道是根据 ANSIB 36.10 标准制造的，以及上述两种商品都是根据顾客的询盘报价的；

（8）卖方将会发行 EN10204/3.1MTC；

（9）在材料可被收集前、收集中和收集时，买家可以随时来参观我们的工厂。

2021 年 5 月 21 日，海源公司为管道公司开具编号为 C－0196－11 的形式发票，价款共计 87280.65 美元。

2021 年 5 月 26 日，管道公司向海源公司下达了编号为 C－0196－11Rev.1 的订单，购买 53 个不同型号的无缝碳钢异径短节偏心管等一批无缝碳钢管产品，发货日期为 2021 年 6 月 30 日，总价款 87280.88 美元，付款条件：银行付款（订货预付 30%，装船前付清余款）。

2021 年 5 月 26 日，管道公司向海源公司支付货款（预付）16600.32 美元。

2021 年 6 月 29 日，管道公司向海源公司下达了编号为 C－0251－11 的订单，订购不同型号无缝碳钢管产品 4 个，价款 4296.88 美元。交货条件 FOB 天津新港。注明：在我方进行质量检查后、在装船之间，支付全部款项；附件依照 ANSIB 16.9 标准。

2021 年 9 月 1 日，管道公司向海源公司支付尾款 71432.44 美元，共计 88032.76 美元。

2021 年 9 月 20 日，海源公司为管道公司开具编号为 HY－TPF－01 号商业发票，总金额 88032.76 美元。同日，海原公司给管道公司出具编号为 HY－TPF－01 装箱单，装船从中国新港至葡萄牙锡尼什港，总包装件数 61 件，总数量 72 件。海原公司出具工厂质量证明，产品描述中除规格为 40″×24″SCH－XS1 件及规格为 40″×28″SCH－XS3 件显示为焊接异径三通外，其余产品均为无缝。产品质量均合格。质量证明中注明：以上产品已经根据规格以及购买者的要求生产并且经检测，检测合格。

2021 年 7 月 29 日，管道公司与 SCI 公司签订品质检验委托合同，管道公司向 SCI 公司支付检测费 2566.5 欧元，并由 SCI 公司向管道公司出具发票。

2021 年 8 月 11 日—12 日，SCI 机构检验人员应管道公司委托，对海源公司工厂及产品进行了参观和检验，发现以下主要问题。

（1）所有的弯管上都发现一个标记，看起来像是地面焊接点。该标记开始于底端区域，看起来像是变形了，与 SAWL 管上的突起的地方相似（不适用于无缝材料）。

（2）测量底端和支管的垂直度是不可能实现的，因为海源没有合适的工具。

（3）管没有根据 ASTMA－106 进行标识：它缺少了压力（SPI）或替代电测试（NDE），或者没有进行测试的指示（NH）。

2021 年 8 月 11 日—12 日 SCI 公司检测后，管道公司通过电子邮件与海源公司沟通。海源公司在邮件内称："贝加先生所看见的痕迹并非是焊缝或缝隙。……该类痕迹并非焊缝或者缝隙，在生产过程中无法避免，因此本公司会为贵公司进行修理。"

2022 年 2 月 2 日，SCI 机构检验人员应管道公司委托，对海源公司工厂及产品进行了参观和检验，发现以下主要问题。

（1）焊接过程可能是埋弧焊方式（SAW）。

（2）有径向焊接缝的管道可能是埋弧焊类型的，根部已经进行去边打磨，管道本身已经进行磨光打理。

2022 年 2 月 22 日，SCI 公司向管道公司出具发票，管道公司支付 SCI 公司检测费 1184.72 欧元。

海源公司称：（1）管道公司提供的证明海源公司货物质量瑕疵的证据分别为 SCI 检测机构出具的报告以及 EMMSA 公司出具的质量瑕疵的认定。但是，SCI 检测机构的报告用了大量不确定的术语（例如"像是""看起来"等），这不能作为断定货物瑕疵的确凿证据，而且海源公司针对 SCI 检测结果已经通过邮件向管道公司进行了合理解释，因此没有确切证据显示海源公司货物存在瑕疵。（2）海源公司出卖给管道公司的货物是经过管道公司检测并认可后的产品，海源公司在货物检测合格之后，按照管道公司的要求完成交付。依据管道公司提供的第 25、第 26 组证据，以及一审查清的事实，2021 年 8 月 11 日—12 日，管道公司委托 SCI 机构检测人员对海源公司生产待交付的货物进行了两次检测。后针对检测报告，海源公司与管道公司就产品质量问题（即产品的无缝问题）进行了沟通，并合意一致，管道公司认可货物质量后，海源公司按照管道公司的要求进行了装运和交付，海源公司完成了合同的全部履行义务，管道公司事后不能对货物质量提出异议。（3）合同解除后，已交付货物所有权由海源公司所有，海源公司有权要求管道公司返还已收到的货物并承担运费，管道公司应当及时返还货物或者支付与还款价值相等的货款。

管道公司称：（1）管道公司委托 SCI 检测机构对海源公司提供的货物进行过两次检测，第一次是 2021 年 8 月 11 日—12 日即海源公司交付货物前，第二次是 2022 年 2 月 2 日海源公司交付货物后，结果显示海源公司交付的货物有金属焊接填充缝，并非无缝，海源公司提供货物存在严重质量问题，不符合管道公司的产品要求。而且管道公司从未对海源公司交付的货物质量进行认可，海源公司也并未按照管道公司的要求完成货物的交付，管道公司一直以来要求海源公司提交的货物均是合同约定的无缝钢管，包括在与海源公司沟通的邮件往来中亦是如此，反而是海源公司在邮件往来中称其所提供的产品均为无缝的，但显而易见海源公司所发的货物是有缝的，已经违背了双方的合同约定。（2）合同解除后海源公司不能要求管道公司返还货物，海源公司违反了合同规定，应就问题产品向管道公司返还货物款项。关于返还货物事宜，距案发时间已经过去一年多，管道公司支付了巨额仓储费，为了避免损失的扩大，管道公司只能自行处理货物。

本案争议焦点在于：（1）是否应解除管道公司海源公司之间的合同；（2）海源公司是否应返还管道限公司货款；（3）海源公司是否应赔偿管道限公司运费及检验费等费用。

【案例分析】

（1）应解除管道公司海源公司之间的合同。管道公司向海源公司发出要约，希望与海源公司签订钢管买卖合同，经海源公司承诺，双方达成一致意思表示，形成两份合同订单，当事人双方的买卖合同关系成立。双方均应按照合同约定全面履行各自义务。合同成立后，管道公司依照约定向海源公司支付价款，海源公司应当依约交付无缝钢管。但在涉案钢管交付前，管道公司委托第三方检测机构 SCI 公司到海源公司场地进行检验，管道公司提交了 SCI 公司作出的两次检测报告，对海源公司提供的货物存在焊接点并非无缝产品提出怀疑，检验结果为“焊接过程可能是埋弧焊方式”，用以证明海源公司提供的货物存在瑕疵。对此，海源公司在回复管道公司的邮件中予以认可。海源公司在邮件中辩称检验人员指出的痕迹并非焊缝和缝隙，是在生产过程无法避免的。故海源公司交付的产品并非无缝钢管，违反了合同约定，致使管道公司的合同目的无法实现，应依法解除管道公司与海源公司之间的合同。

（2）海源公司应返还货款。《民法典》规定：合同解除后，尚未履行的，终止履行；已经履行的，根据履行情况和合同性质，当事人可以要求恢复原状或者采取其他补救措施，并有权请求赔偿损失。双方合同解除后，海源公司应返还管道公司已付的全部货款，管道公司应将涉案钢管返还给海源公司。本案中，管道公司称因仓储费用较高，海源公司的货物处于有问题状态，所以被当作废物处理。因此，管道公司返还货物已成为不可能。考虑到本案系因海源公司提供的货物不符合合同约定构成违约并导致合同解除，继而产生互相返还的后果。涉案货物运抵国外后必然产生仓储费及相应的处理费用，基于公平原则，管道公司可以不返还涉案货物或支付相应货款。

（3）海源公司应承担运费等赔偿。对于自海源公司发货给管道公司的全部运费，应由海源公司向管道公司进行赔偿，管道公司向 SCI 公司支付的检验费用也应由海源公司向管道公司进行赔偿。

案例 2.3

商品品质表示方法争议案

【案例介绍】

黑龙江 X 公司向法国出口一批大豆，合同规定水分最高 12%，杂质不超过 3%，成交前该公司向买方寄送过样品，签订合同后又电告买方成交货物与样品相似。货到目的港后，买方提出所交货物与样品不符，并出示相应的检验证书提出索赔。请问：X 公司是否可以以非样品买卖为由拒付?

【案例分析】

不可以。因为按照《联合国国际货物销售合同公约》，凡能用一种方法表示品质的，一般不宜用两种或两种以上的方法表示。如果同时采用既凭样品又凭规格买卖，则要求交货品质既要与样品一致，又要符合约定的规格。在本案例中，X 公司成交前曾向买方寄过样品，订约后 X 公司又电告买方成交货物与样品相似，说明该批货物凭样品买卖；在合同中又规定水分最高 12%，杂质不超过 3%，说明该批货物又凭规格买卖。因此，X 公司所交货物既要与样品一致，又要符合约定的规格。对方依据检验证书提出所交货物与样品不符合，X 公司应当予以赔偿。

案例 2.4

利用合同品质条款欺诈案

【案例介绍】

2007 年 10 月，中国香港某商行向内地一企业按 FOB 价格订购 5000 吨铸铁井盖，合同总金额为 305 万美元。货物由买方提供图样进行生产。该合同品质条款规定：铸件表面应光洁，不得有裂纹、气孔、砂眼、缩孔、夹渣和其他铸造缺陷。订约后 10 天内卖方须向买方预付 25 万元人民币的保证金，交第一批货物后 5 天内退还。货物装运前，卖方应通知买方前往产地检验，并签署质量合格确认书。若质量不符合合同要求，买方有权拒收货物。试分析此合同条款存在什么风险？我们应吸取什么教训？

【案例分析】

本案是一起典型的利用合同中的品质条款进行诈骗的案例。“铸件表面应光洁”是一个十分含糊的概念，没有具体的标准；“不得有裂纹、气孔、砂眼、缩孔、夹渣和其他铸造缺陷”存在的隐患更大，极易使卖方陷入被动。对方的真实目的是骗取保证金。这类合同的特点是：价格诱人，工艺简单；技术标准含糊，设有陷阱；被欺诈对象多为合同管理不严、缺乏外贸经验、急功近利的小企业。在同客户签订合同品质条款时，一定要标准明确具体，具有可操作性，不能含糊。

案例 2.5

商品数量争议案

【案例介绍】

中国某出口公司向日本出口驴肉一批，合同规定：每箱净重 16.6 千克，共 1500 箱，合 24.9 吨。但货抵国外后，经日本海关查验，每箱净重并非 16.6 千克而是 20 千克，计 1500 箱，合 30 吨。海关认为单货不符，进口商以多报少。本案说明了什么问题？

【案例分析】

对待出口商品的数量必须严格按合同或信用证的数字执行。少了固然对方不认可，多了进口国家的海关也不轻易放行。各国海关对进口货物的监督都很严格。如进口商申报的数量与到货数量不符，轻则认为企图逃漏关税，重则认为走私舞弊，海关不仅可以处以罚款或没收货物，还可能进一步追究进口商的刑事责任。另外，若遇上当地市场疲软或价格趋跌时，进口商也会拒收，或要求降低价格，或要求多交之货不再补钱。

案例 2.6

商品数量计量方法争议案

【案例介绍】

中国某出口 A 公司与日本一商人按每吨 500 美元 CIF 东京成交某产品 200 吨，合同规定包装为 25 千克双线新麻袋，信用证付款。A 公司凭证装运出口并办妥了结汇手续。事后对方来电称：A 公司所交货物扣除皮重后实际到货不足 200 吨，要求按净重计算价格，退回因短量多收的货款。A 公司则以合同未规定按净重计价为由拒绝退款。试问 A 公司的做法是否可行？为什么？

【案例分析】

A 公司的做法不可行。在国际货物买卖中，如果货物是按重量计算和计价，而合同未明确规定采用何种方法计算重量时，根据《联合国国际货物销售合同公约》的规定应按净重计算。本案例中，A 公司和日本商人签订的合同中，并未注明按何种方法计算重量，根据《联合国国际货物销售合同公约》的规定应按净重计算，即 A 公司应该交货净重 200 吨，而实际到货净重不足 200 吨，违反了合约。因此，A 公司必须退回因短量而多收的货款。

案例 2.7

定牌中性包装案

【案例介绍】

泰国 B 公司在广交会中与中国 S 公司进行了密切洽谈，拟从 S 公司购买一批扳手。S 公司自有品牌为“菊花”牌扳手，但泰国 B 公司要求 S 公司按其要求生产“鲨鱼”牌扳手，且不得在产品的内外包装上注明“Made in China”的字样。S公司按泰国B公司生产并出口，但出口产品在泰国进行报关时被拒，请分析案例中的问题。

【案例分析】

在国际贸易实务中，定牌中性包装的使用是非常广泛的，本案中泰国B公司的要求可以被视为定牌中性包装的订单，一般来说可以接受。但作为卖方还应注意以下几个问题：(1) 在接受指定牌号或商标时要了解该商标或牌号是否在国外已有第三方进行注册。(2) 在国际贸易中对于中性包装，尤其是定牌中性包装，在按照买方的要求注明有关商标、牌号后，应特别注明以后由此产生的知识产权和工业产权等问题，由买方承担一切责任和费用。(3) 无论无牌中性包装还是定牌中性包装，从中国生产并出口的产品，均应在包装上注明“Made in China”的字样。

本案中，出口产品在泰国进行报关时被拒有可能是按照B公司生产的“鲨鱼”牌扳手侵犯了第三方知识产权或工业产权，也有可能是因为没有明确的原产国标识。对于广大加工贸易商来说，能获得出口订单是一件值得欣慰的事，但同时也要在贸易中抱有谨慎的态度，提高法治意识，遵守国际公约和惯例以及国家相关法律法规。

第三节 思政元素

结合本章内容，主要提取了三组关键词，即平等、法治、诚信，作为本章的思政元素展开论述。

一、提升平等意识

平等是国际贸易得以顺利进行和取得成功的重要前提。签订合同时要注意合同当事人权利与义务的平等。合同当事人的权利与义务，具体表现在合作各方的一系列交易条件上，包括涉及各方贸易利益的价格、标准、资料、方案、关税、运输、保险等。如在世界贸易组织中，国与国之间的贸易和谈判，要按照有关规则公平合理地削减关税，尤其是限制或取消非关税壁垒。价格是商贸谈判交易条件的集中表现，谈判各方讨价还价是难以避免的，但是按照公平合理的价格进行协商，对进出口商品作价应以国际市场价格水平平等商议，做到随行就市，对双方有利。为弥合在价格以及其他交易条件上的分歧，顺利解决谈判中的争执，就需要以公平的标准来对不同意见进行判定，而公平的标准应当是合同当事人共同认定的标准。实践中，合同当事人应当充分尊重对方的主权和愿望，根据彼此的需要和可能，在自愿的基础上进行谈判与合作。对于利益、意见分歧的问题，应通过友好协商加以妥善解决，而不可强人所难。切忌使用要挟、欺骗的手段来达到自己的交易目的，也不能接受对方带有强迫性的意见和无理的要求。使用强硬、胁迫手段，只能导致合作破裂。

二、强化法治意识

生活在现代的法治中国，法治精神日益深入人心，商人们开始热衷于白纸黑字地确定权利义务。但是，由于国际贸易法律的复杂性，不少人还处在“知其然不知其所以然”的阶段，造成的误解和因此增加的法律成本可能比预期的更高，得不偿失。对仲裁庭而言，居首要地位的仲裁依据正是合同，这是充分尊重私法自治的体现，也是仲裁的最大魅力。对合同当事人而言，如果合同金额巨大，时间跨度较长，更为稳妥的方式是事先就准据法的选择进行专项法律检索，并出具相应的分析报告，避免合同实施中可能存在的重大系统性风险。

三、加强诚信意识

诚实守信贯穿于本章的全部内容，如商品的品质是否符合双方的合同要求、产品的等级是否符合国际标准、商品的数量方面是否存在缺斤短两、产品的包装是否符合环保的要求，以及出口商有没有和议付行勾结进行诈骗、有没有和船公司合伙开具虚假提单、在合同签订时有没有设置陷阱条框等方面。在本章的授课中，可以通过不诚信带来的负面影响典型案例，来教育学生做人、做事要诚信，不诚信或许可以一时获利但并不久远，从长远来看是不可取的。首先，诚信有利于协调国际贸易关系。诚信有助于使合作各方意识到合作关系的潜力，节省贸易成本。即便是发生涉外贸易摩擦、经营矛盾时，诚信当头就成为调解和协调的重要策略，以诚维权、以诚促和，不求一时一事之得失，只求有始有终之仁义。这样，终将获得关系对象的理解和尊重，以诚信换取诚心，以诚信换取信誉，达到共赢的局面。反之，倘若不讲诚信，拒绝承担社会责任和社会使命，唯利是图，便会造成劳资关系紧张，给周围的贸易生态环境造成危害，那么必然会激化各种矛盾，引起公众的不满，最终会使企业走向孤立甚至衰败。其次，诚信有利于开拓国际市场。以诚信示人，可以树立一种重规则、讲诚实、守信用的国际形象。诚信是一种比技术、产品等更具膨化作用的重要因素。传统文化中的“仁义礼智信”，体现着诚信是人与人、国家与国家之间交往的一种重要载体，它是一种道德资源、一种无形资产。另外，诚信与国际贸易体制接轨。各国加入 WTO 后，为各外贸企业走出国门、参与国际竞争提供了更为广阔的舞台，国际竞争的最终结果是信誉的竞争、品牌的竞争。企业的信誉作为一种无形资产，与企业技术创新等硬件方面的优势一起造就企业强大的市场竞争力。诚信就是软实力的表现。诚信具有资本属性，能使企业的成本降低，使企业的利润增值，使企业的形象升华。

第三章

Chapter 3

国际货物运输

第一节 章前导读

一、教学目标

1. 知识目标

理解货物运输的基本方式和特点，掌握各种货运单据的性质、作用及买卖双方交付货物的相关问题，通晓具体货运方式的操作程序。

2. 能力目标

能够合理选用货物运输方式，根据合同中的装运条款解决班轮运输中常见的问题。

3. 价值目标

培养家国情怀，客观认识和评价中国对外经贸政策，正确认识中国对世界经济贸易发展的贡献；培养使命感、责任感和守法诚信的职业修养。

二、教学内容

海洋运输是国际货物贸易中最主要的运输方式，包括班轮运输和租船运输两种方式。

班轮运输的特点是“四固定一负责”，特别要注意的是在班轮运输方式下，船公司要负责装卸货，运费中包含装卸费用。

国际贸易合同中通常会注明装运条款，不同性质的合同和不同运输方式，其装运条款也不相同，一般包括装运期、装运港、目的港、是否允许分批装运与转运、装运通知以及装卸时、装卸率和滞期费、速遣费等内容。

国际贸易中的其他运输方式，包括铁路运输、航空运输、集装箱运输、国际多式联运、大陆桥运输、邮政运输等。

海域提单的基本性质和作用包括：（1）提单是承运货物收据；（2）提单具有物权凭证的性质；（3）提单是运输契约的证明。提单的主要分类有：已装船提单和备运提单，清洁提单和不清洁提单，记名提单、不记名提单和指示提单，直达提单、转运提单和联运提单等。

第二节 案例分析

案例 3.1

错误签发海运提单案

【案例介绍】

2008 年 3 月 21 日，A 公司与案外人 P 公司签订买卖合同，约定 A 公司作为卖方销售 29088 套亚麻男装，价格条款为 FOB 新港，单价为每套 9.25 美元，买方 P 公司按照约定开立信用证，指定货物运输承运人为韩国海空公司，信用证有效期为 2008 年 6 月 25 日。2008 年 6 月 21 日双方签订付款协议将付款形式变更为“如果货物到 P 公司第一客户手后 30 天内没有因为此集装箱内货物的质量提出索赔，贵司应当立即付全款”。

A 公司将买卖合同项下价值 119769 美元的 12948 套亚麻男装装入 1 个 40 尺集装箱内交付指定的承运人韩国海空公司，韩国海空公司向买方 P 公司签发了编号为 8TSN0621 的已装船清洁提单，提单记载托运人为 P 公司，起运港天津新港，卸货港美国纽约。涉案货物于 2008 年 7 月 21 日到达卸货港，承运人将涉案货物交付正本提单持有人。

2008 年 7 月 22 日，A 公司向韩国海空公司支付起运港杂费。A 公司一直未收到涉案货物价款 119769 美元，未能进行核销退税，且韩国海空公司在未征得 A 公司同意的情况下将货物放予他人。A 公司提起诉讼，要求韩国海空公司赔偿全部货物损失。

韩国海空公司称，第一，韩国海空公司系接受 P 公司的委托从事涉案货物运输的，与 A 公司之间不存在任何运输合同关系。在 A 公司未要求签发提单，而在 P 公司要求签发提单的情形下，将提单签发给 P 公司的行为符合法律规定。在涉案货物已装船启运的情况下，货物所有权已经发生转移，A 公司不再是货物所有权人，无权再就货物问题主张任何权利。第二，A 公司与 P 公司达成的付款协议约定，P 公司的客户收到货款后 30 天内如无质量索赔再由 P 公司付款，该协议表明 A 公司同意先行交付货物，然后再收取货款，换言之，A 公司放弃了控制货物的权利。

本案的主要争议焦点为：（1）A 公司是否具有诉权；（2）是否能默认为 A 公司同意先行放货。

【案例分析】

本案为涉外海上货物运输错误签发提单纠纷。根据《海商法》第四十二条规定，托运人是指本人或者委托他人以本人名义或者委托他人为本人与承运人订立海上货物运输合同的人，可见无论是否参与了海上货物运输合同的订立，实际向承运人交付货物的人，是法定的托运人，享有针对承运人的诉权。本案中，韩国海空公司接受 P 公司的委托承运货物，应认定为涉案货物运输的承运人。A 公司作为实际向承运人交付货物的人，依法应认定为托运人，享有对韩国海空公司的诉权。

《海商法》第七十一条规定“提单，是指用以证明海上货物运输合同和货物已经由承运人接收或者装船，以及承运人保证据以交付货物的单证”。第一，从提单作为承运人接收货物或者将货物装船的证明以及承运人保证据以交付货物的凭证两大法定功能来说，在买卖合同没有特别约定的情况下，提单应签发给实际交付货物的托运人，该托运人通过持有提单，实现对货物的推定占有，并通过控制提单保留对货物的控制权。第二，A 公司与 P 公司之间的付款协议是双方履行买卖合同过程中就付款而签订的，未约定提单签发的内容，该协议与海上运输无关，不能成为承运人签发提单的依据，而且从该协议的履行情况来看，买方收到货物后未在约定的期间内提出质量异议，因此该协议不能证明货物存在质量问题。第三，从以往业务的操作习惯看，韩国海空公司均将提单签发给 A 公司，但在本案无特别约定的情况下，韩国海空公司依据 A 公司与 P 公司之间的付款协议将提单签发给 P 公司，与操作习惯不符。从双方往来信函看，在以往运输中，韩国海空公司均将提单签发给了 A 公司，但本案中，韩国海空公司依据 A 公司与 P 公司之间的付款协议将提单签发给 P 公司，存在不当之处，系错误签发提单的行为。韩国海空公司该错误签发提单的行为直接导致了 A 公司失去对涉案货物的实际控制，无法收回货款，因此韩国海空公司应承担 A 公司该项损失的赔偿责任。

案例 3.2

进口大豆变质案中的承运人责任

【案例介绍】

2012 年 4 月 24 日，X 公司（买方）与 S 有限公司（卖方）签订数量 60000 吨（±10%）巴西散装大豆，CIF 价 562 美元/吨，运至中国扬州，即期信用证付款，信用证下要求的全套单证包括发票、重量证书、正本提单、质量检验证书和原产地证书等。

2012 年 6 月 2 日，晟德公司所属“ORSOLINA”轮船长在巴西维多利亚港签发两套已装船清洁指示提单（01 号和 02 号）。该两份提单载明，重量分别为 44000 吨、16000 吨。通知人为 X 公司，装运港巴西 VITORIA 港，卸货港写为“ANY PORT OF CHINA”，运费已付，2012 年产巴西散装大豆，货物装载于 1 ~7 舱。

2012年6月5日，太保营运中心接受X公司投保，以X公司为被保险人签发海上货物运输保险单。该保险单载明：货物数量60000吨，货物项目2012年产巴西散装大豆，保险金额263000000元，开航日期根据提单记载，承运人晟德公司，运输工具“ORSOLINA”轮，运输路线从巴西VITORIA港到中国扬州。保险险别为海上货物运输一切险。

2012年6月7日，货物装船前质量检验证书载明，本案所涉大豆水分含量12.7%，通知方X公司，提单一的货物数量为44000吨，提单二的货物数量为16000吨，总数量60000吨，装船日期2012年6月2日，货物装载于1~7舱。

2012年7月13日，“ORSOLINA”轮抵达浙江舟山港，为便于进入长江航道，对2、4、6号舱部分货物通过驳船进行减载。X公司申请舟山出入境检验检疫局登轮进行检验，检验结论表明4舱内表层货物未见异常。7月16日，该轮到达扬州，停靠X公司码头开始卸货。X公司发现货损，遂要求该轮船东或经营人提供担保。

2012年7月21日，“ORSOLINA”轮卸货完毕。同年7月18日至9月1日，扬州检疫局根据X公司的申请，派检验人员登上该轮进行残损鉴定，对4号舱内的货物进行了检验、拍照、取样，发现该舱内剩余货物存在红变、变色和发热现象，货物板结和结块严重。

2012年9月1日，扬州检疫局根据大豆受损情况，样品检验结果及受损货物加工生产的检测结果和商销影响进行综合估损。检验结论是：（1）Ⅰ类货物：严重发热、红变，货物结块，共计200.52吨，贬值35%；（2）Ⅱ类货物：大豆发热、变色，板结，共计3982.954吨，贬值15%。根据涉案船舶装货事实记录，涉案船舶在装货期间遇到大雨，并多次发生设备故障。该报告认为上述货损于卸货前业已存在，注明残损检验费76041元。

2013年8月17日，太保营运中心向X公司就本案货损赔付2678288.94元，并取得代位求偿权。

2013年3月21日，由于晟德航运公司拒绝货损赔偿，X公司和太保营运中心对晟德航运公司提起诉讼，要求赔偿货物损失和税收款、鉴定费及利息损失。

晟德航运公司辩称：（1）涉案提单的背书没有X公司的盖章，背书不符合规定，提单不能作为物权凭证；（2）原告主张货损的原因是水分达到12.7%，此系大豆本身的自然属性引起，不应给予赔偿；（3）根据已提供的“装港文件（复印件）、船舶运输文件（复印件）、船舶卸港文件（复印件）三套运输单据的记载，承运人对货物运输过程已经尽到责任，货损并不是由于承运人失误或疏忽造成；（4）货物运抵目的港后，X 公司没有依法履行减损义务，货物损失金额无法固定；（5）提供的两份检验报告推定的损失相同，且是商业报告，不能用来确定货物损失的依据，此外由于货物到达目的港后并未销售，所以所谓的贬损率并不可取。因此，晟德航运公司不应承担赔偿责任，请求驳回两原告的诉讼请求。

【案例分析】

本案为海上货物运输合同纠纷。晟德航运公司所属船舶签发本案所涉提单，是承运人。X 公司合法持有正本提单，是收货人。X 公司与晟德航运公司之间存在以提单为证明的海上货物运输合同关系。太保营运中心依保险单的约定，向被保险人 X 公司赔付货物损失费用后，取得代位求偿权，依法有权向承运人晟德航运公司进行追偿。

第一，船运公司签发的两份提单为指示提单，指示提单可记名背书，也可空白背书，X 公司作为收货人没有签字盖章正是空白背书的表现形式，并不因此影响其有效性和物权凭证的实质。

第二，如果本案货损是因大豆含水量高的自然属性所致，那么各船舱内损失分布应该比较均匀，不会仅发生在某个船舱的局部地区。本案所涉货物装载在承运船舶的 7 个舱位，发生损失的货物集中在第 4 个舱位的中下层，显然不会是自然原因导致的货物损失。

第三，船舶管理和营运中出具的部分资料和装卸文件，并不能免除其对签发清洁提单应承担的责任。根据我国《海商法》第四十八条的规定，承运人应当妥善、谨慎地装载、搬移、积载、运输、保管、照料和卸载所运货物。《海商法》第七十一条规定：提单中载明的向记名人交付货物，或者按照指示人的指示交付货物，或者向提单持有人交付货物的条款，构成承运人据以交付货物的保证。两原告和晟德航运公司均认可在装货过程中发生过下雨。晟德航运公司并未提供有效证据证明及时采取了可靠的避雨措施，签发的仍是没有任何批注的清洁提单，也没有举出其他证据证明货损是其他可免责的原因造成，结合扬州检验局的残损检验报告和举证责任分配原则，本案货损可以确定发生在晟德航运公司的责任期间，晟德航运公司没有依法谨慎尽到装货或管货义务，应承担相应的赔偿责任。

第四，X 公司收到货物后，及时申请了残损鉴定和加工处理，晟德航运公司通过担保公司提供了担保，已知道发生货损的事实，两原告并未有不当行为导致损失扩大。

第五，根据我国《海商法》的规定，承运人对货物损坏的赔偿额，按照货物受损前后实际价值的差额或者货物的修复费用计算。这是法律对海上货物运输合同纠纷案件中承运人赔偿范围的明确规定。晟德航运公司作为承运人，应按此规定承担货损赔偿责任。晟德航运公司对此的主要抗辩理由是本案货物损失金额不确定。然而，根据扬州检疫局出具的残损检验报告已认定，案涉货物 200.52 吨贬值 35%，3982.954 吨贬值 15%，总计 2431180 元人民币；而且，本案所涉大豆的贬值率已由国家法定检验机构，即扬州检疫局在船舱内及时进行现场鉴定，并作出残损鉴定结论，损失金额的形成及时而明确，并非必须进行销售处理才能认定损失。

第六，两原告主张的货损构成中还包括货损部分的额外关税、增值税损失和鉴定费等，这两笔费用是国家法定行政规费，是 X 公司进口货物必然产生的固有成本，不是受损货物前后的差额或修复费用，不属于我国《海商法》规定承运人应承担的赔偿责任范围。

案例 3.3

国际多式联运致货损赔偿案

【案例介绍】

2022 年 9 月，S 公司从中国上海出口 11934 台笔记本电脑到墨西哥曼萨尼约 F 贸易公司，S 公司委托泰立货代公司安排货运，荣长运输公司接受泰立货代公司订舱，将电脑从中国上海出运至墨西哥曼萨尼约。同年 9 月 20 日，泰立公司向荣长运输公司出具改港保函，要求将目的港曼萨尼约改为目的地墨西哥城，并表示承担由此产生的费用。9 月 22 日，荣长运输公司签发编号为 EG5163、EG5155 的两份提单。该两份提单均载明：货物接收地上海，交货地墨西哥城，卸货港曼萨尼约，托运人为 S 公司，收货人为 F 贸易公司。

S公司就货运中的风险向物产保险公司投保，被保险人为H股份有限公司及其所有的子公司与联营公司，保险期限自2021年10月1日00:00时起至2022年9月30日24:00时止，保险估值按照发票金额所列一切费用另加10%。

货物到达曼萨尼约后，荣长运输公司委托墨西哥新世界汽车运输有限公司将货物从曼萨尼约运至墨西哥城。2022年10月23日，货物在运输过程中发生灭失。保险公估公司报告载明：货物于2022年10月23日在从曼萨尼约运往墨西哥城内陆运输的过程中灭失，虽集装箱已被找到，但仅为空箱，至于具体情况警方仍在调查。该报告显示的总理赔金额为3082795.79美元，系按照商业发票金额2802541.62美元乘1.1得出。

2023年1月30日，物产保险公司向S公司支付3082795.78美元，S公司向物产保险公司签发权利转让同意书，确认将损害赔偿请求权全部转让给物产保险公司。物产保险公司认为荣长运输公司应对其掌管期间的货损承担赔偿责任，要求荣长运输公司赔偿货物损失3082795.78美元及利息，荣长运输公司拒绝赔偿。物产保险公司向法院提起诉讼。

本案争议焦点：

（1）荣长运输公司与S公司之间是否具有运输合同关系？

荣长运输公司称：S公司只向泰立公司委托运输，而荣长运输公司接受的是泰立公司的订舱，且泰立公司对外签发了货代提单，因此，与S公司签订运输合同的应该是泰立公司而不是荣长运输公司。且货物损失发生在目的港到目的地的内陆运输途中，荣长运输公司只承担了从上海港到墨西哥曼萨尼约港的实际承运，与货物损失发生的内陆公路运输无关。托运人S公司应基于合同向泰立公司提出索赔，或基于侵权向内陆运输承运人索赔，而无权向荣长运输公司提出索赔。

物产保险公司认为，S公司以目的地交货（DAP）贸易条件出售货物，有义务安排运输和预付运费，且其已委托泰立公司订舱，有基础合同支持。泰立公司向荣长运输公司进行订舱时通知荣长运输公司货主和发货人为S公司，且电子订舱预览和订舱托运单也记载发货人（托运人）和签约方为S公司，荣长运输公司签发的提单载明S公司为托运人，泰立仅为S公司的代理人，泰立公司签发的货代提单，实际上是货运代理凭证，案涉两套提单（货代提单与船东提单）并行不悖，根据《民法典》规定，S公司与荣长运输公司之间成立运输合同关系。S公司有权分别向泰立公司和荣长运输公司主张权利。

（2）本案是否为海上货物运输合同纠纷？

荣长运输公司认为，该合同应被认定为国际多式联运，作为多式联运经营人，对墨西哥公路区段内的货物损失承担赔偿责任。但按照《海商法》的规定，货物的灭失或者损坏发生于多式联运的某一运输区段的，多式联运经营人的赔偿责任和责任限额，适用调整该区段运输方式的有关法律规定。如果由荣长运输公司按照海上货物运输合同进行赔偿，会导致其对货的赔偿超出内陆实际承运人承担的赔偿，承担更多赔付责任，荣长运输公司应认定为多式联运经营人，赔偿责任和责任限额应适用墨西哥调整当地公路运输的民商事法律。

物产保险公司认为，从形式上看，荣长运输公司接受了两种以上运输方式的托运（海上运输及陆路运输），案涉运输为多式联运，案涉货物灭失于曼萨尼约至墨西哥城的陆路运输过程中，关于承运人责任及责任限制等问题应适用墨西哥当地陆路运输民商事法律，但荣长运输公司提供的墨西哥法律未经公证认证，且墨西哥为联邦制国家，仅凭荣长运输公司提供的墨西哥法律不能排除适用该国州法律的可能性，故不能作为案涉纠纷准据法予以适用。因此应按照一般海上货物运输合同纠纷处理。

（3）案涉纠纷应适用的法律以及货物灭失的责任承担。

荣长运输公司表示，涉案双方均有提供外国法的义务。虽然 S 公司有权利向荣长运输公司请求货损赔偿，但赔偿责任限额和诉讼时效均应当适用货损发生区段的法律即墨西哥法律。荣长运输公司提供墨西哥法律文件，关于案涉公路承运人及其持有墨西哥联邦政府所签发许可证的内容，系与墨西哥法律适用相关的事实，且能在墨西哥“国家机构信息公开、信息获取和个人数据保护义务网”查询。货物在墨西哥内陆运输由荣长运输公司委托墨西哥新世界公司运输。根据墨西哥相关规定，委托人如没有申报货物的价值，赔偿一般按每吨货物计算，责任限制为相当于墨西哥联邦区一般最低工资 15 天的金额。本案中，托运人从托运至货物装船前未向墨西哥相关部门申报货物价值，荣长运输公司委托汽车新世界公司运输时也未申报货物价值。故本案中荣长运输公司对货损承担的赔偿责任应按照最低工资 15 天的标准计算。

物产保险公司对荣长运输公司提供的墨西哥法律相关材料提出了异议。首先，各方当事人均明确表示同意本案纠纷适用中华人民共和国法律。其次，《海商法》是关于多式联运经营人就具体运输区段赔偿责任和责任限额的规定，并非关于涉外民事关系法律适用的规范，本案所涉诉讼时效问题仍应适用中华人民共和国法律。最后，如果荣长运输公司主张享受墨西哥公路承运人责任限制，应当符合当事人意思自治和公平原则，在接受订舱和签发提单过程中履行提示义务，向托运人特别提示墨西哥法律关于责任限制的具体规定。

【案例分析】

（1）S公司与荣长运输公司之间运输合同关系成立。案涉货物运输由S公司委托泰立公司安排，泰立公司向荣长运输公司订舱托运，泰立公司订舱时明示托运人为S公司，荣长运输公司就案涉货物签发两套提单，均记载托运人为S公司，由此进一步明确荣长运输公司与S公司在运输合同项下双方主体身份（承运人与托运人）。因此认定S公司与荣长运输公司之间成立运输合同关系并无不当。

（2）明确国际货物多式联运合同关系。鉴于该合同双方约定的运输为多式联运，S公司与荣长运输公司之间的法律关系为国际货物多式联运合同关系，货物保险人物产保险公司行使保险代位求偿权，其与荣长运输公司之间的纠纷仍应按该合同关系进行审理，故本案当事人诉争的民事法律关系应当定性为国际货物多式联运合同关系。

（3）关于本案的法律适用。《海商法》规定合同当事人可以选择合同适用的法律，法律另有规定的除外。合同当事人没有选择的，适用与合同有最密切联系的国家的法律。《海商法》还规定：货物的灭失或者损坏发生于多式联运的某一运输区段的，多式联运经营人的赔偿责任和责任限额，适用调整该区段运输方式的有关法律规定。多式联运经营人赔偿采用“网状责任制”，主要目的是尽可能使多式联运经营人的赔偿责任与各区段承运人的赔偿责任保持一致，尽量避免多式联运经营人在可向区段承运人追偿的损失数额之外对货损另作赔付，以促进多式联运的发展。多式联运经营人荣长运输公司的赔偿责任和责任限额应适用墨西哥调整当地公路运输的民商事法律。

（4）关于荣长运输公司的赔偿责任和责任限额。荣长运输公司的赔偿责任和责任限额均应当适用货损发生区段的法律即墨西哥法律。本案适用墨西哥法律的依据是《海商法》的规定，而不是各方当事人之间的约定。根据墨西哥相关规定，委托人如没有申报货物的价值，赔偿一般按每吨货物计算，责任限制为相当于墨西哥联邦区一般最低工资 15 天的金额。荣长运输公司作为多式联运经营人，其赔偿责任应当根据该条法律规定确定。由于本案中 S 公司、荣长运输公司、泰立公司均未在托运时至货物装运前申报货物价值，荣长运输公司根据上述墨西哥法律的规定可以主张赔偿责任限制。案涉货物的提单载明货物重量合计 23.9 吨，根据上述墨西哥法律的规定，计算该国内公路运输承运人对案涉货物损失的赔偿限额标准为每吨 934.95 墨西哥比索（墨西哥联邦地区 2012 年一般最低日工资 62.33 比索/日 ×15 日），共计 22345.305 墨西哥比索，折合 1737.97 美元。荣长运输公司应当依法及时赔偿向物产保险公司赔偿 1737.97 美元及迟延利息损失。

案例 3.4

无正本提单放货

【案例介绍】

2013 年 8 月 27 日，山东寿光 G 公司（卖方）与 K 公司（买方）就购买胶合板 12 个 40 尺高柜共 600 立方米达成协议，价格条款为 FOB 青岛，总金额 315938 美元，装运港中国青岛，目的港阿联酋迪拜，装运日期 2013 年 10 月 10 日，付款方式为即期信用证，可接受第三方开具的信用证。

2013 年 8 月 30 日，S 银行开立了以 G 公司为受益人的不可撤销的跟单信用证，信用证金额为 104609.40 美元，最迟装运日 2013 年 10 月 8 日。2013 年 9 月 16 日，信用证的总信用额度修改为 186758.60 元。

2013 年 9 月 30 日，K 公司指定青岛 D 公司为货物的装货港货运代理人。

2013 年 10 月 8 日，G 公司开始与青岛 D 公司联系货物订舱等事宜，向被告青岛 D 公司提供订舱委托书并出具商业发票及装箱单。订舱委托书显示：发货人 G 公司，收货人凭 S 银行指示，通知方 SYB 公司，装货港中国青岛，卸货港迪拜经中国香港中转，货物为 7 个 40 尺高柜，112 件胶合板，毛重 182000 千克，运费到付。

因已错过信用证指定的最迟装运期限，G 公司与 K 公司未继续采用信用证的付款方式履行合同。

2013 年 10 月 12 日，潍坊海关驻寿光办事处出具《中华人民共和国出口货物报关单》，载明：经营单位及发货单位均为 G 公司，水路运输工具名称 CAPEMOLLINI1303S，商品为 112 件胶合板，毛重 182000 千克，成交方式 FOB，总价 166521.60 美元，目的国阿联酋。

2013 年 10 月 15 日货物装船后，G 公司取得了以 MSI 为抬头的三份正本提单，签章上具有被告潍坊 D 公司法定代表人于某的姓名。提单记载：托运人 G 公司，收货人凭 S 银行指示，通知方 SYB 公司，船名 CAPEMOLLINI1303S，装货港中国青岛，卸货港迪拜经中国香港中转，货物为 7 个 40 尺高柜 112 件胶合板，毛重 182000 千克，运费到付，并注明：我们在此确认此票货物仅能凭 3 份正本提单提货，且仅能在目的港提货。

2013 年 10 月 18 日，被告潍坊 D 公司向 G 公司发出费用确认，通知 G 公司因涉案货物运输共产生代理运杂费 13469 元。2013 年 10 月 25 日，G 公司向被告潍坊 D 公司支付上述代理运杂费。

2013 年 11 月 4 日至 2014 年 1 月 6 日，涉案 7 个集装箱货物分别在蛇口、中国香港、泰国、中国台湾、日本被提取。

G 公司诉潍坊 D 公司、青岛 D 公司在非指定目的港无正本提单放货，要求潍坊 D 公司、青岛 D 公司两家公司承担 7 个集装箱的货物损失。

潍坊 D 公司、青岛 D 公司称：（1）因为被告青岛 D 公司具有国际物流业务资质，所以 G 公司与被告青岛 D 公司产生了实际的业务联系，被告潍坊 D 公司没有实际参与承办业务，仅仅是出于税务、记账考虑开具有关发票，被告潍坊 D 公司不是适格责任主体；（2）被告青岛 D 公司仅收取了 G 公司的码头杂费等费用，没有收取最重要的海运费；（3）涉案提单都是按照 G 公司要求出具的，由此产生的法律后果理应由 G 公司承担；（4）被告青岛 D 公司没有通知相关责任主体（船公司）放货。两被告要求依法驳回 G 公司对被告潍坊 D 公司的起诉，驳回对被告青岛 D 公司的诉讼请求。

本案争议焦点是提单承运人的识别。

【案例分析】

本案系无正本提单放货纠纷，G 公司系涉案货物的托运人。涉案正本提单由被告潍坊 D 公司法定代表人于某盖章签发，应当认定该份正本提单系由于某代表被告潍坊 D 公司签发，故被告潍坊 D 公司是涉案货物的提单承运人。

《海商法》规定："提单，是指用以证明海上货物运输合同和货物已经由承运人接受或者装船，以及承运人保证据以交付货物的单证。"《最高人民法院关于审理无正本提单交付货物案件适用法律若干问题的规定》规定"承运人违反法律规定，无正本提单交付货物，损害正本提单持有人提单权利的，正本提单持有人可以要求承运人承担由此造成损失的民事责任"，还规定"承运人因无正本提单交付货物造成正本提单持有人损失的赔偿额，按照货物装船时的价值加运费和保险费计算"。

本案中，潍坊 D 公司作为提单承运人向 G 公司签发提单后，即负有向提单持有人交付货物的义务，但其在 G 公司仍然持有全套正本提单的情况下，将涉案货物交付他人，应当对 G 公司由此产生的损失承担民事责任。青岛 D 公司不是本案承运人，不承担相应赔偿责任。潍坊 D 公司应依据 FOB 价格向 G 公司货物损失及运费和保险费损失。

第二节 思政元素

一、现代交通运输是"一带一路"建设的重要领域

习近平总书记在第二届"一带一路"国际合作高峰论坛开幕式上的主旨演讲中指出："共建'一带一路'倡议，目的是聚焦互联互通，深化务实合作，携手应对人类面临的各种风险挑战，实现互利共赢、共同发展。"在第三届"一带一路"国际合作高峰论坛开幕式上，习近平总书记发表主旨演讲："10 年来，我们致力于构建以经济走廊为引领，以大通道和信息高速公路为骨架，以铁路、公路、机场、港口、管网为依托，涵盖陆、海、天、网的全球互联互通网络，有效促进了各国商品、资金、技术、人员的大流通，推动绵亘千年的古丝绸之路在新时代焕发新活力。"随着中国交通运输事业取得了举世瞩目的成就，建成了全球最大的高速铁

路网、高速公路网、世界级港口群，“一带一路”交通互联互通效应日益凸显。一是极大地带动了中国中部地区及重庆、四川、广西、云南等传统西南腹地的开发开放，体现出中国高水平对外开放的新格局；二是促进了物流和贸易畅通，缩短国际物流时间，降低物流成本；三是促进人员、资本和技术等生产要素顺畅流动，推动沿线地区的产业结构向更加均衡合理的方向优化发展，创造更多就业机会；四是带动了中国与沿线地区的旅游、教育、人员往来，促进中外人文交流持续深化，成为民心相通的重要纽带，为中国与共建国家和地区经贸往来注入新动能。我国加快建成交通强国，不断推进全球经贸合作，共享贸易红利，是构建全球发展命运共同体的重要载体，也是大国责任和担当的表现。

习近平总书记指出：“现代化的机场和码头，通畅的道路，拔地而起的经贸产业合作园区，催生新的经济走廊，激发新的增长动力，成为新时代的商贸大道、驿站。”世界十大港口中，中国占了七席，代表了世界航运业、制造业的最高水平。港口是海洋经济发展的强大引擎，承载着习近平总书记“更加注重经略海洋”“加快建设世界一流的海洋港口”的殷殷嘱托。中国港口建设和发展坚持陆海统筹、向海图强的战略，以科技创新为抓手，在增强经济社会发展创新力上走在前列：率先建成全球首个智能空轨集疏运系统，全自动化集装箱码头效率刷新世界纪录；聚焦“双碳”目标，开展绿色低碳港口建设，修复整治生态岸线；科技赋能港口，取得显著成效，与高科技头部企业深度合作，加快推进云生态平台”“5G区块链”建设，为全球智慧港口建设运营提供了“中国经验”“中国范本”。从“科学技术是第一生产力”到“创新是引领发展的第一动力”，从科教兴国战略到创新驱动发展战略，中国自主创新能力不断释放出助推实现中华民族伟大复兴的中国梦的强大动能。

二、善用国际法律规则解决国际海洋和经贸纠纷，服务海洋强国战略

海洋经济在国家经济发展中占有重要地位，根据《中国海洋经济发展报告2020》，我国海洋经济结构持续优化，海洋产业转型升级步伐加快，海洋对外贸易总体向好。2023 年 12 月，中央经济工作会议再次提出要“大力发展海洋经济，建

设海洋强国”。随着我国海洋事业发展进入新阶段，海洋经济高质量发展成效显著。2012～2022 年，海洋经济总产出从 5 万亿元增长到 9.5 万亿元，占国内生产总值的比重保持在 9% 左右，在国民经济稳增长和保障经济安全方面发挥了重要作用。海洋传统产业转型升级加速，海产品产量多年位居世界第一，海运量超过全球 1/3，海上油气成为国家能源重要增长极。海洋新兴产业增加值年均增速超过 10%，海洋工程装备总装建造能力进入世界第一方阵。海水淡化工程规模已超过 200 万吨/日，为沿海缺水城市和海岛水资源安全提供了重要保障。三大海洋经济圈发展特色逐步显现，北部新旧动能转换提速，东部一体化步伐加快，南部集聚带动力明显提升。

本章案例立足于海洋经济与航运经济发展视野，主要讲解国际贸易和国际海上运输中各方当事人的权利与义务的分配问题。维护海上运输与国际贸易安全与秩序，维护我国海运当事人的合法权益，坚守正确的立场，不轻易为外力所动摇，切实维护我国海洋权益及我国当事人合法利益，是保障我国海洋经济有序发展、推动高端航运要素在中国聚集的基础，是促进海洋经济向高质量效益型转化的关键。树立正确的海洋经济观念，培养服务海洋经济和产业发展的能力，才能有效推动海洋事业高质量发展。

第四章

Chapter 4

国际货物运输保险

第一节
章前导读

一、教学目标

1. 知识目标

了解保险的基本原则，理解海上风险和损失的类别，掌握中国海运保险条款中各险种承保的范围，熟悉中国海陆空邮运输货物保险的险别；了解伦敦保险协会海运货物条款。

2. 能力目标

掌握不同保险条款的使用技巧，能根据不同海损形式和保险条款解决保险赔偿问题。

3. 价值目标

培养家国情怀，客观认识和评价中国对外经贸政策，正确认识中国对世界经济贸易发展的贡献；培养使命感、责任感和守法诚信的职业修养。

二、教学内容

国际货物运输保险，是以对外贸易货物运输过程中的各种货物作为保险标的的保险。外贸货物的运送有海运、陆运、空运及通过邮政送递等多种途径。国际货物运输保险的种类按照保险标的的运输工具种类相应分为四类：海洋运输货物保险、陆上运输货物保险、航空运输货物保险、邮包保险。

中国海运货物保险条款将保险分为基本险别和附加险别两大类。基本险包括平安险、水渍险、一切险；附加险包括一般附加险和特殊附加险两大类，一般附加险又分为偷窃提货不着险、淡水雨淋险、短量险、沾污险、渗漏险、碰损破碎险、串味险、受潮受热险、钩损险、包装破裂险和锈损险。

海运中不同风险会造成不同损失，国际货物运输保险将损失分为全部损失和部分损失。全部损失有实际全损和推定全损两种类型，部分损失分为共同海损和单独海损。

"仓至仓"条款所指的运输包括海上、陆上、内河和驳船运输的整个运输过程。海上货物运输保险合同中规定保险责任起止期的条款。保险期间自货物从保险单载明的起运港（地）发货人的仓库或储存处所开始运输时生效，到货物运达保险单载明目的港（地）收发人的最后仓库或被保人用作分配、分派或非正常运输的其他储存处所为止。如未抵达上述仓库或储存处所，则以被保险货物在最后目的港（地）卸离海轮满60日为止。在货物未经运抵收货人仓库或储存处所并在卸离海轮60天内，需转运到非保险单载明的目的地时，以该项货物开始转运时终止。

伦敦保险协会货物保险条款在国际贸易中也被广泛使用，主要有7种险别，分别是协会货物A条款［I. C. C. (A)］、协会货物B条款［I. C. C. (B)］、协会货物C条款［I. C. C. (C)］、协会战争险条款（Institute War Clause-Cargo）、协会罢工险条款（Institute Strikes Clause-Cargo）、恶意损害险条款（Malicious Damage Clause）和偷窃、提货不着险条款（Institute Theft，Pilferage and Non-delivery Clause）。

第二节 案例分析

案例 4.1

共同海损理赔案

【案例介绍】

F 轮，利比里亚籍超大型油轮，船舶所有人为弗伦特萨加公司，2019 年 8 月 13 日和 2019 年 8 月 16 日，F 轮船长分别签发装运号为 40 – 1 的不可转让提单和编号为 DO – BP 的提单，两张提单记载的卸货港均为中国安全港口。40 – 1 号提单下的货物为毛重 904052 桶卡宾达（CABINDA）原油，净重 123639 吨，正面记载“除运费和滞期费，租约或其他租用本船的合同或协议中的所有条款和条件均被视作在此并入，且适用于调整本航次中各相关方的权利”。DO – BP 号提单下货物为毛重 952814 桶蒙多（MONDO）原油，净重 132467.406 吨。中化公司确认其为上述提单持有人、货物收货人。平安公司系涉案货物运输保险人，GARD 公司系 F 轮的船舶保险人。

2019 年 9 月 16 日，F 轮装载 123639 吨 CABINDA 原油和 132467.406 吨 MONDO 原油自安哥拉抵达中国宁波虾峙门外油轮锚地。

9 月 17 日上午，船舶移至北仑某锚位，将约 27700 吨原油过驳卸载至二程船“大庆 × × ×”轮。

9 月 18 日 14 时左右，F 轮在宁波北仑某锚位开航驶往虾峙门南锚地，抛锚过程中，左舷舯偏后部位船体与“长航 × ×”轮左侧船首发生碰撞，F 轮螺旋桨与“长航 × ×”轮锚链相缠，F 轮螺旋桨桨叶受损，主机发生故障。事故系因 F 轮船长在指挥船舶驶入虾峙门南锚地过程中，未能对当事船舶低速航行时受大潮汛、急落水影响向下游侧漂移明显和因浅水效应导致旋回圈尺度明显增大、舵效变差、主机变速效果不明显等因素加以充分考虑，确定的抛锚方案不合理，实施过程中未能对当时局面和碰撞危险作出充分估计和正确判断，未能提前考虑抛锚过程中可能出现各种不利状况的应对措施，选择掉头时机不当，操作不果断造成。

20日4时，F轮被报告搁浅，多次尝试将F轮拖往更深的水域均失败。

21日12时，船舶起浮，船艉突然发出巨响，船舶随后开始漂航状态。14时，F轮被拖往安全锚地。之后，F轮在锚地开展海上原油过驳作业，卸空船上全部原油。

10月3日，F轮被拖带离港，10月8日抵达青岛。10月12日，F轮进入北海船厂进行修理。

F轮宣布发生共同海损，当事人确认涉案事故的共同海损理算机构为“CTCS”，共同海损事故相关纠纷适用中国法律。平安公司于2019年9月25日、中化公司于2019年9月27日分别就涉案事故向弗伦特萨加公司出具海损担保函和海损协议书，保证向船东支付共同海损分摊费用，并订立不分离协议，明确当船舶所载货物的全部或一部分由他船或数船或其他运输工具运至目的港时，有关共同海损的权利义务不受这种转运的影响。

各方当事人确认，因F轮与“长航××”轮于2019年9月18日发生碰撞，F轮船货等遭遇共同风险，为共同安全而有意地合理地采取措施所直接造成的特殊牺牲、支付的特殊费用应当按照分摊价值的比例进行共同海损分摊，当事人对所有参与分摊方的分摊价值进行确定，均无异议。其中，船舶共同海损分摊价值70028757美元、货物共同海损分摊价值119453310美元、期租人燃油共同海损分摊价值776013美元、有风险的运费共同海损分摊价值2399490美元；船方因涉案事故可节省的燃油、物料和船员工资为14311.58美元。

本案的争议焦点主要如下。

1. 共同海损理算地与理算规则的确定的问题

（1）关于共同海损理算地。由于安晟公司的住所地为中国上海，共同海损理算适用理算地法律。因此，本案的共同海损理算应当适用中华人民共和国法律。

（2）关于共同海损理算规则。船方、货方等未就共同海损理算规则作出约定，依照《海商法》规定，应适用《海商法》进行理算。弗伦特萨加公司主张，涉案货物提单上记载有租约并入条款，并入提单的租约中约定共同海损理算适用《约克-安特卫普规则》，故本案共同海损理算应适用《约克-安特卫普规则》。

2. 共同海损费用的认入问题

（1）“CTCS”委托安晟公司出具理算报告称，根据验船顾问的意见，船舶自引航员离船时起处于危险，并持续处于危险之中，直到船舶安全停泊且货物从损坏的船舶上卸下。就相关费用依据《约克-安特卫普规则》应当计入共同海损说明如下：

① 共同海损索赔应包括拖轮费用、船舶代理联络港拖服务费及相关支出费、向宁波港支付费用、起浮期间船舶受损的修理费用、打捞船舶和更换船舶的费用、减载作业产生的费用、船舶管理人员的额外开支、在起浮和减载期间产生的燃料和物料费用、从拖轮参与救助到减载结束期间的船员工资和给养、手续费和利息。

② 共同海损牺牲包括割断右锚及 13 节锚链、碰撞造成锚机损坏，搁浅后拖轮尝试起浮船舶时导致甲板系柱损坏、船壳和结构损坏，紧急拖带设备损坏。

③ 救助/起浮费用包括 10 艘船参与起浮船舶，起浮失败后，有 7 艘减载船协助转运货物至各个目的港，包括宁波港索赔在内的救助作业和转运减载货物至各个卸货港的费用，各个独立船公司在救助作业及减载作业中提供协助的费用都应根据结算情况被全额列入共同海损。

（2）平安公司委托上海海损理算中心提出审理意见。根据海事局事故调查报告，引航员离船时的天气状况并不恶劣，船舶此时并不处于危险状态，自引航员离船的时候起处于危险状态的意见错误，且出具不专业的理算报告足见其资质和能力有问题。多项费用核算与支出存在严重不合理，超出合理部分的费用不应列入共同海损；理算报告中没有起浮方案，不应计入共同海损；船舶在起浮后被拖带到虾峙门南锚地抛锚，抛锚地点通常为一个相对安全的避难地，船舶不应再处于紧急的危险状态，不应计入共同海损；避碰措施不是共同海损行为，锚机相关的损失不能计入共同海损；减载货物不是在船舶搁浅时进行的，减载货物不是为了安全，减载费用不应计入共同海损。

【案例分析】

1. 关于理算规则适用问题

船长就涉案货物签发了两份提单，其中仅一份编号为 40 - 1 号的提单上记载了租约并入条款。该记载租约并入条款的提单也没有明确记载被并入提单的租船合同当事人名称及订立日期，属并入提单的租约记载不明确，该租约并入条款不能约束提单持有人中化公司。弗伦特萨加公司如不能提供其他证据证明船方、货方等就共同海损理算规则作出了约定，就应适用《海商法》共同海损理算规定。同时，在共同海损理算领域《约克-安特卫普规则》具有普遍适用性和权威性，是关于共同海损理算的国际海事惯例，体现了国际上对共同海损及其理算相关问题的共同认识和普遍实践。因此，对于《海商法》第十章没有明确规定的问题，本案审理涉及共同海损理算规则问题可以参照《约克-安特卫普规则》。

2. 关于共同海损理算费用问题

（1）与船锚相关的费用。共同海损，是指在同一海上航程中，船舶、货物和其他财产遭遇共同危险，为了共同安全，有意且合理地采取措施所直接造成的特殊牺牲、支付的特殊费用。该条对共同危险的产生或形成的原因未作限定。中化公司和平安公司认为，船方抛锚是避碰措施且不合理，不是共同海损行为，与船锚相关的费用不应列入共同海损。本案中，碰撞危险属于同一海上航程中船舶、货物和其他财产面临的共同危险。抛锚是船方在紧迫局面下为避免碰撞而有意采取的措施，该行为的合理性应以船舶当时面临的紧迫局面来判断。据此，不应认定本案中船方在紧迫局面下的抛锚避碰措施不合理。船方抛锚措施本身所直接造成的特殊牺牲、支付的特殊费用应当属于共同海损。船舶锚机所在位置并非船舶碰撞受损位置，可以推定船舶锚机爪损坏并非因碰撞原因所致，而系上述抛锚措施所造成，因此与船舶锚机相关的费用应当被列入共同海损。碰撞事故发生后，为使船舶被拖带至安全锚地，割断右锚和锚链系为共同安全而有意且合理地采取的措施。之后产生的沉锚打捞费，以及新锚、锚链、锚机配件费用和锚机离合器制作、运送费用等均属于因该措施发生的费用，均应当列入共同海损。

（2）应急抢险作业费用。涉案船舶为装载散装持久性货油的油轮，碰撞事故的发生使船舶、船上货物及其他财产不仅处于危险之中，而且面临漏油而造成油污损害的威胁。海事主管机关采取的相关应急抢险作业具有救助遇险船舶、其他财产和防止、减轻油污损害的双重目的。海难救助作业与污染预防措施是两种不同性质的行为，分别属于海难救助与油污损害赔偿两种不同法律规范的调整范畴。海难救助作业的对象为船舶或其他财产，其目的在于通过采取救助行为，将船舶或者其他财产从危险状态中解救出来。污染预防措施的对象为遭受船舶油污损害或者油污损害威胁的任何海上资源和设施，其目的在于通过采取合理的清污作业或预防措施以防止、减轻污染损害。两项费用应根据目的的主次比例合理划分；无合理依据区分主次目的的，相关费用应平均分摊。

（3）与过驳减载船上货物相关的费用。宁波港是涉案航次的目的港，F轮在宁波港虾峙门南锚地过驳卸空船上货物后直接被拖带离港前往北海船厂修理，上述过驳卸载货物与事故发生前在宁波港锚地以过驳方式卸载部分货物均属于弗伦特萨加公司履行在目的港交货义务的行为。F轮在宁波港虾峙门南锚地过驳减载货物时，船舶并非处于搁浅状态，过驳减载货物相关的费用不属于因减载搁浅船舶所引起的费用；宁波港是事故航次的目的港，过驳减载货物相关的费用也不属于为共同安全所需在避难港口搬移或卸下货物发生的费用。

（4）其他费用。关于弗伦特萨加公司主张列入共同海损的各项服务费、船员工资和给养、律师费、公估费等费用，与涉案航程中的船舶、货物和其他财产脱离共同危险无直接关系，不应列入共同海损。

最终，各方当事人确认船舶及其他财产的分摊价值为：船舶70028757美元、货物119453310美元、期租人燃油776013美元、有风险的运费2399490美元。经计算，货方应分摊共同海损的比例为119453310/192657570（约为62.00%）。因此，中化公司、平安公司应当共同向弗伦特萨加公司支付共同海损分摊费用1437175.34美元及相应的利息。

案例4.2

海运货损分保与再保

【案例介绍】

2017年6月，太保扬州公司与江苏诚德国际集团机械进出口股份有限公司（以下简称诚德公司）签订保险协议书，合同主要内容有：（1）诚德公司就其出口船舶向太保扬州公司投保出口货运险（编号1#～16#，共16艘船舶），保险金额为229458216元，保险期限暂定为2017年11月15日至2018年3月20日，保险费为2179853元。（2）出口货物险在被保险船舶抵达上海码头吊装开始生效，直至到荷兰鹿特丹卸货后船交给船东结束。如未能立即交船，拓展60天的财产责任险（仓至仓保险条款）。出口货运险的过程包括被投保船在上海吊装码头等待，上海吊装码头移动、吊装结束远洋航行、抵达鹿特丹港后卸货、卸货码头移动、卸货后码头等待、卸货后前往交船地点（限于鹿特丹地区）直至交船。（3）上述船舶投保的险别为一切险、战争险、罢工险。（4）双方就保险协议进行充分协商，取得一致意见并经被保险人同意后双方签字盖章确认。本协议仅为双方对相关保险的约定，具体保险责任以保险单项下的条款为准，在正式签发保险单之前，太保扬州公司应将保险单格式提供给诚德公司予以确认。（5）诚德公司提供被保险船舶的有关材料并填写投保单交给太保扬州公司，太保扬州公司在收到投保单及相关资料后，出具保险单及保险费发票，诚德公司据此交纳保险费。（6）诚德公司应接受对外分保、共保的行为，并能积极配合和提供给太保扬州公司分、共保所需的相关资料。

上述保险协议签订以后，为分散太保扬州公司风险，其职员王某依据保险协议的约定，将上述16条船舶的货物运输险寻找其他保险公司承保，私下联系了新润公司（系华安江苏公司保险代理人）员工姜某。新润公司遂以华安江苏公司名义接受了其中6条船舶（1#～6#）的货物运输险协议，由其出具阴阳保单，“阴保单”（副本）交于华安江苏公司用于审核，保单记明被保险货物为钢管、橡胶等，保险金额为33793000元，保险费为3万元。“阳保单”即保险单正本记载了诚德公司6条船舶（1#～6#）的船名、保险金额等内容，6条船舶的保险金额折合人民币总计为83793000元，每条船舶的免赔额为2000美元，保险费为人民币14万元。但保险单正本和副本记载的被保险人均为诚德公司。该正本保险单交给了太保扬州公司王某。新润公司业务员姜某在收到太保扬州公司王某支付的保费后，从中截留11万元而仅向华安江苏公司转交3万元。另外10条船舶（7#～16#）的保险事宜联系了中联江苏公司，中联江苏公司同意承保。2017年10月20日，中联江苏公司出具了涵盖10条船舶（7#～16#）的一份文本式货物运输保险单。保险单记载了被保险人为诚德公司，并记载了被保险船舶名称、保险金额等内容，保险金额折合人民币总计为106642944元，每条船舶的免赔额为2000美元。中联江苏公司将上述保险单交给了太保扬州公司王某。

太保扬州公司王某拿到上述华安江苏公司、中联江苏公司的两份货运险保险单以后，于2017年12月8日依据其与诚德公司的保险协议签发了未经太保核保系统审批的编号为PYZ009/2008BR1005的文本式货物运输保险单。保险单载明：被保险人为诚德公司，保险货物为出口荷兰的16条船舶，险别为货物运输保险一切险（仓至仓）附加战争险及罢工险，运输工具为“诚德2号”，保险期限为2017

年12月15日至2018年6月30日，航行路线为上海至鹿特丹，总保险金额为229458216元，总保险费为200万元。承保公司和共保公司栏说明，由太保扬州公司牵头承保，同时由华安江苏公司参与分保，保险费由太保扬州公司负责结算。2017年12月15日，太保扬州签发了16份子保险单。子保险单正本记载的被保险货物和险种为l6条船舶的货物运输险，保险金额与华安江苏公司、中联江苏公司出具的保险单完全一致，保险条件为按1/1/1982协会货物保险A条款承保一切险，包括1/1/1982协会战争险（含仓至仓条款）及罢工险，与华安江苏公司、中联江苏公司出具的保险单记载的保险条件亦完全一致。

太保扬州公司王某将上述华安江苏公司、中联江苏公司的两份运输保险单自己保存，将太保扬州公司的上述文本式货物运输保险单和16份子保险单正本交付给了诚德公司。王某还从太保扬州公司开具了发票联、记账联、存根联不一致的保险费发票。诚德公司向太保扬州公司支付了涉案船舶保险的保险费200万元。2017年12月，王某支付中联江苏公司实际收取保险费6万元，华安江苏公司实际收取保险费3万元。应王某要求，中联江苏公司出具委托函和收款证明，委托函载明委托太保扬州向诚德公司收取货运险保险费，收款证明载明收到货运险保险费30万元。华安江苏公司也出具了委托函和收款证明，收款函载明委托太保扬州向诚德公司收取货运险保险费，收款证明载明收到货运险保险费31万元。

上述16条船舶被绑扎在“诚德2”号上，于2018年2月20日从上海出发，驶往荷兰鹿特丹。2018年4月3日，由于发现绑扎件出现裂纹或断裂，船队改变航向，驶往毛里求斯路易斯港进行修理，产生修复费用48万美元（折合人民币3974400元）、检验费26000元，合计4000400元。2018年5月27日，船队继续驶往鹿特丹。2018年6月4日，由于再次出现绑扎件裂纹，船队又改变航向，驶往南非德班港进行修理，产生修复费用1354500元。2018年8月4日，船队抵达荷兰鹿特丹，经荷兰海顿检验公司调查评估，有12条船舶存在不同程度的损坏。受损船舶在荷兰鹿特丹进行了修理，并于2019年1月17日全部完成。其中，涉及华安江苏公司保险的船舶修理费共计3672890元；涉及中联江苏公司保险的船舶修理费共计6162100元。诚德公司为在鹿特丹的修理还支付检验费用798570元。

2021年2月9日，诚德公司提起诉讼，要求太保扬州公司赔偿16条船舶修理费用在内的损失19068057元及利息。2021年4月2日，太保扬州公司申请追加本案华安江苏公司、中联江苏公司为第三人。2022 年 4 月 20 日，法院通知华安江苏公司、中联江苏公司退出了该案的诉讼。经法院调解，太保扬州公司支付诚德公司货运险保险金 18100000 元。2023 年 1 月 14 日，太保扬州公司提起诉讼，要求华安江苏公司、中联江苏公司分担保险损失。

中联江苏公司称：（1）一审判决认定中联江苏公司、华安江苏公司与太保扬州公司之间的法律关系为共同保险，缺乏法律依据。根据《关于加强财产保险共保业务管理的通知》第一款的规定，诚德公司并没有向中联江苏公司和华安江苏公司投保，相互没有签订共保协议和签发共保保单。根据《海商法》第二百二十一条规定，诚德公司未向中联江苏公司、华安江苏公司提出保险要求，不存在保险合同关系。根据合同相对性原则，太保扬州公司与诚德公司之间的保险合同关系不能约束华安江苏公司。诚德公司并没有与太保扬州公司和中联江苏公司、华安江苏公司达成共保协议，诚德公司在保险事故发生后未向中联江苏公司、华安江苏公司提出索赔请求，且未向中联江苏公司、华安江苏公司支付保费，也不知晓他们签发 16 份保单的情况。（2）太保扬州公司王某的行为已被认定为犯罪，其以欺诈手段与其他人进行恶意串通，并以中联江苏、华安江苏公司出具保单的合法形式掩盖侵占保费的行为，直接损害中联江苏公司、华安江苏公司的权益，故中联江苏公司、华安江苏公司出具的保单应为无效保单，不应承担保险赔偿责任，仅需要向太保扬州公司退还保费。（3）即便本案存在共同保险关系，各共同保险人应按各自实际收取的保险费比例承担赔偿责任，而不是按保单记载的保险金额比例承担赔偿责任。中联江苏、华安江苏公司出具的 16 份保单是根据王某要求填写，并不是其真实的意思表示，不能作为赔偿计算的依据。按照中联江苏、华安江苏公司实际收取的保费仅占全部保费的 3% 和 1.5%，即便承担赔偿责任，也应按照上述比例计算的赔偿金额。（4）即便中联江苏、华安江苏公司承担赔偿责任，太保扬州公司起诉已过诉讼时效。根据《海商法》第二百六十七条规定，本案诉讼时效至保险事故发生之日起计算，且诉讼时效不发生中断。本案的诉讼时效从事故发生的 2018 年 4 月 3 日开始计算。在一审中，中联江苏、华安江苏公司被申请追加为第三人，一审法院后通知退出诉讼，则根据《海商法》第二百六十七条的规定，诉讼时效不中断，本案提起诉讼的时间是 2023 年 1 月 14 日，距离事故发生之日已过 4 年 9 个月，超过法律规定的 2 年诉讼时效。综上，请求撤销一审判决，改判驳回太保扬州公司的诉讼请求并由其承担全部诉讼费用。

对此，太保扬州公司辩称：

（1）由太保扬州公司签发，并交付给诚德公司的编号为 PYZ049/2008BR1005 的文本式货物运输保险单记载，“由太保扬州公司牵头承保，同时由华安江苏公司、中联江苏公司参与分保，保险费由太保扬州公司负责结算”。诚德公司接受保单后并没有就此项提出异议，表示太保扬州公司安排分保或再保，诚德公司是接受的，至于如何分保或再保是太保扬州公司自身的事，但该笔业务诚德公司只承认承保公司是太保扬州公司。一旦出险，诚德公司只会找太保扬州公司理赔，太保扬州公司再找其他公司理赔。在交付保险单时，太保扬州公司职员王某将华安江苏公司、中联江苏公司开具的保险单自己保存，将太保扬州公司开具的保险单交付给诚德公司。保险事故发生以后，诚德公司在调解书中明确，诚德公司在收到保险赔款后，配合太保扬州公司向相关责任方追偿（包括但不限于提供保险合同权益转让书以及涉案事故的各项资料，协助太保扬州公司向其他保险公司索赔）。以上种种事实说明，诚德公司虽然在保险事故发生后，只向太保扬州公司索赔，但对太保扬州公司进行分保或共保的行为在事前、事中、事后是明知的，并且是不反对的。太保扬州公司在与诚德公司签订保险协议以后，出具保险单以前，积极与华安江苏公司、中联江苏公司联系，将 16 条船舶的货运险交给华安江苏公司、中联江苏公司承保，其分散自己风险的意图明显。被保险人诚德公司和太保扬州公司的上述行为表意清楚，目的明确。

（2）太保扬州公司以诚德公司名义向华安江苏公司、中联江苏公司投保的效力问题和定性问题。诚德公司与太保扬州公司签订《保险协议书》以后，太保扬州公司为分散风险，其职员王某依据保险协议的约定，将其中 6 条船舶的货运险交华安江苏公司承保，华安江苏公司签发了一份保险单，并收取了保险费。因此，华安江苏公司应依其签发的正本保险单的记载承担相应保险责任。华安江苏公司在签发上述正本保险单的同时，虽然还签发了内容并不一致的副本保险单，但副本保险单内容既未对外披露，也未交付给任何人，仅供华安江苏公司自己留存使用。因此，该副本保险单既不能对外发生任何效力，也不能由此否定已交付的正本保险单的效力。中联江苏公司签发了一份货物运输保险单，并收取了保险费。上述保险单合法有效，中联江苏公司应依约承担相应的保险责任。

华安江苏公司、中联江苏公司签发并交付给王某的两份保险单，记载的被保险人均为诚德公司。王某将上述华安江苏公司、中联江苏公司的两份保险单自己保存后，以太保扬州公司名义签发了1份文本式货物运输保险单和16份太保扬州公司的子保险单。王某将该17份保险单交付给了诚德公司。太保扬州公司签发的该17份保险单记载的被保险人亦为诚德公司。由此可知，太保扬州公司和华安江苏公司、中联江苏公司在承保之时，对于被保险人是诚德公司均是明知的。尽管太保扬州公司职员王某在联系保险业务时，为分散风险，亦有寻找其他保险公司进行再保的目的，但当其收到华安江苏公司、中联江苏公司的记载被保险人为诚德公司的保险单时，既未提出异议，也未要求华安江苏公司、中联江苏公司将保险单上记载的被保险人修改成太保扬州公司，应当视为其已经接受了华安江苏公司、中联江苏公司的对所涉船舶进行共保的意思表示。并且，太保扬州公司与华安江苏公司、中联江苏公司的这种共保的合意，没有损害诚德公司的保险利益，也没有违反法律、行政法规的效力性、强制性规定。因此，太保扬州公司与华安江苏公司、中联江苏公司承保诚德公司涉案船舶的行为应定性为共同保险。

【案例分析】

诚德公司为出口船舶至荷兰鹿特丹，将其所属的“诚德2号”船舶及16条船舶向太保扬州公司投保，诚德公司与太保扬州公司签订的《保险协议书》，系双方真实意思的表示，合法有效，双方均应予以信守。根据该保险协议，太保扬州公司签发了货物运输保险单，该保险单虽未经太保核保系统审批，但进行核保系统审批系其公司内部流程管理，不能据此约束被保险人诚德公司。因此，太保扬州公司签发的该保险单有效，双方亦应予以信守。因此，被保险船舶在保险责任期间发生绑扎件断裂的修复损失，以及船舶本身损害的修复损失，上述损失均在保险单约定的一切险的保险责任范围之内。太保扬州公司在被诉至一审法院后，经调解，向被保险人诚德公司支付了涉案16条船舶的货运险保险金18100000元。太保扬州公司在与诚德公司签订保险协议以后，出具保险单以前，为分散自己的风险，将涉案的16条船舶以诚德公司名义分别向华安江苏公司、中联江苏公司投保货运险。

（1）太保扬州公司与中联江苏公司、华安江苏公司法律关系的认定。

一是太保扬州公司与中联江苏公司、华安江苏公司是否构成共同保险法律关系。根据《中国保险监督管理委员会关于大型商业保险和统括保单业务有关问题的通知》第三条规定，“共保是共同保险的简称，是指两个或两个以上的保险公司及其分支机构（不包括同一保险公司的不同分支机构）使用同一保险合同，对同一保险标的、同一保险责任、同一保险期限和同一保险金额进行的保险”。本案中，首先，华安江苏公司、中联江苏公司均未参与 2017 年 6 月诚德公司与太保扬州公司间《保险协议书》的签订，即仅存在投保人诚德公司与保险人太保扬州公司达成的保险协议，不存在投保人与其他共同保险人达成的共保协议。其次，从保单交付的情况来看，华安江苏公司就 6 条船出具了货运保险单，中联江苏公司就 10 条船出具了货运保险单，但上述两份保单并没有交给投保人诚德公司，而是由太保扬州公司王某留存。再次，向投保人诚德公司另行交付编号 PYZ049/2008BR1005 的文本式货物运输险保单并未载明华安江苏公司、中联江苏公司是涉案船舶的共同保险人，也未附有共同保险协议。诚德公司在诉讼中也不认可中联江苏公司、华安江苏公司为共同保险人，故华安江苏公司、中联江苏公司与太保扬州公司不存在共同保险法律关系。

二是关于太保扬州公司与中联江苏公司之间是否具有再保险关系。对再保险法律关系，《保险法》第二十八条规定“再保险是指保险人将其承担的保险业务，以分保形式部分转移给其他保险人”。具体到本案中，太保扬州公司承保诚德公司船舶建造险和货物运输险，并就涉案 10 条船舶的货物运输险转移给中联江苏公司，符合上述关于再保险关系的法律规定。首先，中联江苏公司与诚德公司未成立保险合同关系，中联江苏公司出具货运险保单交付对象是太保扬州公司，并非是保单载明的投保人诚德公司，且无证据表明诚德公司与中联江苏公司直接成立保险合同关系。其次，保费流转方面，根据《保险法》第二十九条第一款规定“再保险接受人不得向原保险的投保人要求支付保险费”，诚德公司向太保扬州公司支付保费后，太保扬州公司王某将保费支付给中联江苏公司，即中联江苏公司收取保费的过程符合《保险法》关于再保险合同关系中保费流转的规定。再次，保险金赔付方面，《保险法》第二十九条第二款规定“原保险的被保险人或者受益人不得向再保险接受人提出赔偿或者给付保险金的请求”，诚德公司仅向太保扬州公司主张保险赔偿金而未向中联江苏公司主张保险赔偿金，该行为亦符合《保险法》中关于再保险合同关系中保险金赔付流程的规定。另外，诚德公司与太保扬州公司达成的《保险协议书》第六条约定，诚德公司接受对外分保、共保的行为并积极配合和提供分保、共保所需的资料。同时，太保扬州公司签发的文本式货物运输险保单明确载明，涉案货物运输由太保扬州公司牵头，华安江苏公司、中联江苏公司参与分保。因此，太保扬州公司与中联江苏公司构成再保险合同关系。

三是关于太保扬州公司与华安江苏公司之间是否具有再保险法律关系。姜某借新润公司代理华安江苏公司的保险业务便利，擅自以华安江苏公司的名义出具涉案的保单交付给王某，并出具"阴保单"交付华安江苏公司，逃避委托人华安江苏公司内部的审核，且在收到太保扬州公司王某支付的保费后，从中截留 11 万元而仅向华安江苏公司转交 3 万元；再考虑到太保扬州公司王某在承保涉案船舶的事宜中因侵占诚德公司支付的保费而构成职务侵占罪。可见，太保扬州公司为达到与华安江苏公司订立再保险合同的目的，以通过给付回扣的方式与华安江苏公司的代理人新润公司恶意串通，从而损害了华安江苏公司的合法权益，根据《民法典》第一百五十四条的规定，太保扬州公司与华安江苏公司之间的再保险合同属于无效合同。

（2）太保扬州公司与华安江苏公司、中联江苏公司的保险损失如何分担问题。

中联江苏公司主张按照实际收取的保费 3% 比例来计算分摊保险赔偿金的上诉理由，不能成立。首先，商业保险法律关系的确立，是投保人与保险人根据意思自治原则，在平等互利、协商一致的基础上自愿订立保险合同。本案中，太保扬州公司按照保险费率 0.9% 的标准向诚德公司收取 16 条船舶保险费，而中联江苏公司按照保险费率 0.07% 的标准来收取其中 10 条船舶的保费，两者之间的费率区别明显。然而，太保扬州公司、中联江苏公司均属于自主经营的保险机构，对于保险费率的确定均有各自的核算依据和方法，即不同的保险公司所确定的保险费率存在差异。其次，虽然太保扬州公司与诚德公司就涉案船舶的货运险所达成的保险费率是 0.95%，远高于再保险合同中太保扬州公司与中联江苏公司约定的 0.07%，但中联江苏公司经过自身内部的审核后，对于 0.07% 的保险费率是予以认可，收到保费后出具保单，故太保扬州公司所达成的再保险合同，是依照意思自治原则协商一致的结果。最后，从 2017 年 10 月 20 日签发保单至 2018 年 2 月涉案 16 条船舶从上海港起运，中联江苏公司未向太保扬州公司主张提高保费，或主张因保费过低，显失公平而对保险合同提出异议。在保险事故发生后，中联江苏公司提出按照实际收取的保费来赔偿保险金，违反《保险法》所倡导的诚实信用原则。

涉案船舶的损失共计15988460元，包括毛里求斯港口修复和检验费、南非德班港修复费用，共计5354900元。在荷兰鹿特丹港发生华安江苏公司承保5条船舶修复费用3672890元、中联江苏公司承保7条船舶修复费6162100元以及12条船舶检验费798570元。由于上述费用中的5354900元和798570元无法予以明确区分，因此中联江苏公司应分别按照分保10条和6条船舶所占的比例予以分摊。因此，再保险合同关系中，中联江苏公司就其承保的保险船舶损失金额认定为：$5354900 \times 10/16 + 6162100 + 798570 \times 7/12 = 9974745$ 元。

综上，太保扬州公司与中联江苏公司就涉案的10条船舶成立再保险合同关系，太保扬州公司将上述船舶的货运风险以再保险方式全部转移至中联江苏公司，中联江苏公司按照0.07%收取再保险的保费，不影响其对外承担的赔偿责任。

虽然华安江苏公司与太保扬州公司之间的再保险合同无效，但据《民法典》第一百五十七条规定："民事法律行为无效、被撤销或者确定不发生效力后，行为人因该行为取得的财产，应当予以返还；不能返还或者没有必要返还的，应当折价补偿。有过错的一方应当赔偿对方因此所受到的损失，各方都有过错的，应当各自承担相应的责任。"华安江苏公司在接受再保险要约以及审核"阴保单"时存在过失，且考虑到华安江苏公司实际收取保费并对外出具加盖公司印章的保单，根据权利和责任对等的基本法理，华安江苏公司就涉案6条船舶的再保险，承担相应的责任，即涉案全部船舶损失金额15988460元，扣除中联江苏公司应承担9974745元，剩余的损失6013715元由太保扬州公司和华安江苏公司按照实际收取保费来予以分摊。

（3）关于太保江苏公司、太保扬州公司要求分担保险损失是否超过诉讼时效问题。

《海商法》规定，"根据海上保险合同向保险人要求保险赔偿的请求权，时效期间为二年，自保险事故发生之日起计算"。涉案船队于2018年4月3日发现绑扎件出现裂纹或断裂，驶往毛里求斯路易斯港进行修理。2018年6月4日，船队再次出现绑扎件裂纹，又改变航向驶往南非德班港进行修理。2018年8月抵达鹿特丹后，经调查评估，有12条船舶存在不同程度的损坏并对损坏船舶进行了修复。

因此，涉案海上货物运输保险合同中，太保扬州公司向华安江苏公司、中联江苏公司要求保险分担的诉讼时效，最早只能从 2018 年 4 月 3 日起算。一审法院在审理诚德公司诉太保扬州公司案件中，太保扬州公司于 2021 年 4 月 2 日向一审法院申请追加华安江苏公司、中联江苏公司作为无独立请求权第三人参加诉讼。因此，截至 2021 年 4 月 2 日太保扬州公司提出申请时，没有超过法律规定的两年诉讼时效期间，并构成诉讼时效中断。2022 年 4 月 20 日，一审法院通知华安江苏公司、中联江苏公司退出该案诉讼，本案诉讼时效应从此日重新起计。2023 年 1 月 14 日，太保扬州公司向一审法院提起诉讼，要求华安江苏公司、中联江苏公司分担保险损失，亦没有超过两年的诉讼时效期间。因此，华安江苏公司、中联江苏公司以太保扬州公司超过诉讼时效为由，要求驳回太保扬州公司诉讼请求的主张无事实依据。

综上，中联江苏公司、华安江苏公司关于其与太保扬州公司不存在共同保险法律关系；太保扬州公司与中联江苏公司再保险合同关系成立；太保扬州公司与华安江苏公司之间的再保险合同属于无效合同。中联江苏公司按照其所承保金额分摊保险损失，华安江苏公司按其收取保费比例分摊保险损失。

案例 4.3

海运全损的认定及一切险的赔偿

【案例介绍】

2008 年 2 月，江苏 JX 公司与安哥拉 DH 公司签订《安哥拉纳米贝渔业学院分包合同》，分包建设安哥拉渔业学院房屋工程项目。2009 年 1 月 12 日，JX 公司（卖方）与曙光运输公司签订《租船合同》，约定由江苏曙光运输有限公司（以下简称曙光运输公司）承运 JX 公司 5100 吨包装水泥（允许正负 5% 溢短装），转运港为山东省日照港，卸货港为安哥拉纳米贝港，运费价格为 98 美元/吨，水泥受载期为 1 月 18 日至 23 日，船东保证船舶 45 ± 5 天内到达卸货港锚地，承运船舶为“航海者 V”轮。装船次日，“航海者 V”轮船长签发了以 JX 公司为托运人，DH 公司为收货人的记名提单一式三份。JX 公司实际支付给曙光运输公司海运费 3351208 元。

JX 公司就承运货物向 M 保险公司江苏分公司（以下简称 M 保江苏分公司）投保，2009 年 1 月 22 日，出具货物运输保险单。保单载明被保险人为 JX 公司，保险标的为 5000 吨水泥，保险金额为 866580 美元，险种为 1981 年 1 月 1 日修订的中国人民保险公司《海洋运输货物保险条款》一切险，免赔率为 15%，保险期间为中国日照港至安哥拉纳米贝港，运输工具为“航海者 V”轮，保险费 17777.02 元。

承运船舶“航海者 V”轮起航后频繁发生机械故障，行至印度尼西亚时靠岸，于 6 月 7 日卸下全部货物，船舶进行维修。由于船员认为后续航程风险巨大，不愿意完成航行任务，承运船舶滞留在印度尼西亚 MERAK 港，2009 年 7 月 7 日，船东宣布终止航行。在此期间 JX 公司通过电子邮件方式积极要求承运人履行运输义务，拿出转船运输等切实解决方案，同时也与 M 保江苏分公司互相沟通事件进展情况。M 保江苏分公司委托上海 Y 保险公估有限公司于 2009 年 9 月 6 日至 12 日赴印度尼西亚 MERAK 港对承运船舶和船载货物进行了检验，查明：（1）涉案的“航海者 V”轮中途放弃了本次运输，原因是船东没有完成航行任务的意愿、船员惧怕后续航行以及船员工资待遇不佳等；（2）JX 公司所有的货物在 6 月 7 日在 MERAK 港已被卸下，水泥未发生货损；（3）2009 年 8 月 27 日，JX 公司的货物被重新装运至“PREMONI”轮，并重新签发了已装船清洁提单，提单托运人为该船舶所有人 G 公司。JX 公司于 2009 年 7 月 16 日向被告 M 保江苏分公司索赔，并于 2009 年 9 月 8 日向 M 保江苏分公司递交《要求理赔函》并附索赔文件，M 保江苏分公司拒绝赔付。

被告 M 保江苏分公司辩称：

（1）JX 公司提出索赔时没有持有一式三份正本提单，而提单是海运物权凭证，JX 公司无法提供正本提单即不能证明其对货物具有所有权，对货物不具有可保利益；

（2）被保险货物在海运途中并未发生保单承保的海上事故，经保险公估公司鉴定，保险标的一直品质完好，并没有发生损失，因此 JX 公司无权提出索赔；

（3）被保险货物在海上运输过程中并没有发生损失，托运人所谓的货损发生在卸货港码头，不属于 JX 公司购买的一切险赔偿范围；

（4）被保险货物于 6 月 7 日已在中途港被卸离承运货轮，在卸离海轮满 60 天后，被告 M 保江苏分公司的保险责任自动终止；

（5）运输合同中明确规定有 15% 免赔率，应在保险赔偿金额中扣除。

【案例分析】

（1）保险利益是指投保人或者被保险人对保险标的具有的法律上承认的利益。涉案水泥是由 JX 公司采购并发往目的港自用，记名提单载明的托运人和保险单载明的被保险人均为 JX 公司，虽然 JX 公司已将全套单据交由银行议付，但这并不改变 JX 公司对涉案水泥具有保险利益的事实。

（2）原承运人终止航行后，对滞留在印度尼西亚 MERAK 港的水泥重新签发提单，新签发提单托运人为 G 公司（船东），原告 JX 公司丧失了对货物的控制和所有权，货物已构成实际全损。

（3）JX 公司投保的险种是 1981 年 1 月 1 日修订的中国人民保险公司《海洋运输货物保险条款》一切险，依照该条款的规定，一切险“除包括上列平安险和水渍险的各项责任外，本保险还负责被保险货物在运输途中由于外来原因所致的全部或部分损失”。一切险的承保风险应当为非列明风险。案例中保险标的的实际全损是由原承运人的违约行为和重新签发新提单所致，属于在运输途中由于外来原因所致的损失，在一切险承保的风险范围之内。

（4）根据《海洋运输货物保险条款》第三条第（二）项的规定：“由于被保险人无法控制的运输延迟、绕道、被迫卸货、重行装载、转载或承运人运用运输契约赋予的权限所作的任何航海上的变更或终止运输契约，致使被保险货物运到非保险单所载明目的地时，在被保险人及时将获知的情况通知保险人，并在必要时加缴保险费的情况下，本保险仍然继续有效，保险责任按下列规定终止：被保险货物如在非保险单所载明的目的地出售，保险责任至交货时为止，但不论任何情况，均以被保险货物在卸载港全部卸离海轮后满六十天为止。”但是，首先，该条款系免除保险人责任条款，保险人如不能证明其在签订保险合同之前或之时，将上述免责条款的概念内容及其法律后果，以书面的形式或者口头形式向被保险人或其代理人作出解释，以使被保险人明了该条款的真实含义和法律后果，上述免责条款无效。其次，上述条款中规定的保险责任免除的条件，是货物在非保单列明的目的地出售或卸离海轮后满 60 日，其前提是货物由被保险人出售或控制，而案例则是货物已经实际全损，与本条规定的中止条件并不一致。再次，上述条款是指保险人在被保险货物全部卸离海轮后 60 日以内所发生的保险事故承担保险赔偿责任，并不等同于只要保险货物在卸载港全部卸离海轮后满 60 日，保险人就免除赔偿责任。因此，认定保险事故发生在保险责任期间内，M 保江苏分公司作为保险人不能免除赔偿责任。

（5）关于赔偿的具体数额，JX 公司与 M 保江苏分公司之间并未约定保险价值，根据《海商法》第二百一十九条的规定，货物的保险价值是保险责任开始时货物在起运地的发票价格或者非贸易商品在起运地的实际价值以及运费和保险费的总和。原告 JX 公司购买涉案货物支付了 2163500 元，支付海运费 3351208 元，支付保险费 17777.02 元，因此本案保险价值为 5532485.02 元。本案涉案货物免赔率为 15%，故本案实际赔付保险金应扣除 15%。被告 M 保江苏分公司要求在保险赔款中扣除免赔额的主张，符合法律规定，本院予以支持。

综上所述，M 保江苏分公司应按照保险单的约定，对 JX 公司遭受海上保险事故所造成的货物损失负责赔偿，并支付逾期支付保险金的利息。

第三节 思政元素

一、树立诚信意识

民无信不立，业无信不兴，诚信是中华民族的传统美德，也是培养科学求是精神和树立廉洁守法职业素养的核心。保险业是不断促进国家经济快速发展的有力保障，对科学合理地控制国家的经济风险起着至关重要的作用，诚信在保险中也有着举足轻重的地位，最大诚信原则和可保利益原则便是其中的重要体现。长期以来，保险欺诈或不诚信行为都是保险案件中常见的问题。在市场经济环境下，无论是被保险企业，还是保险机构如保险理算机构、公估公司等都应以诚信为本，进一步规范经营行为，在新的投保方式、新类型的保险合同不断出现的情况下，合理设计投保流程，履行好提示说明义务，实事求是，重塑“保险信用”，提高保险行业高质量服务，推进社会主义市场经济的健康发展。通过学习前述案例，外贸从业人员应遵守海运保险合同中的法律关系，遵守最大诚信原则、可保利益原则等基本原则，通过合法途径实现海运保险分散外贸企业经营风险的功能。

二、强化法治意识

保险业是金融“三驾马车”之一。由于金融的特殊性质及其在经济中的特殊作用，保险业务必须要在法律允许的范围内开展，不允许超出范围经营，更不允许非法经营、扰乱正常保险行业秩序。从保险行业层面看，保险公司及相关机构应提高保险服务水平，建立保险行业负面清单，切实保障保险人利益，有力维护社会公平正义和人民群众合法权益，增强人民群众法治获得感、幸福感、安全感。从外贸企业层面看，进出口企业及货代等相关企业应加强运用法治手段维护自身合法权益，坚持用规则说话，靠规则行事，强化运用世界贸易组织规则、国际公约、国际惯例维护国家和企业正当权益的能力。外贸企业应该强化合规意识、加强合规管理，切实防范法律风险，提高运用国际国内法律和规则维护自身权益的能力。从个人层面看，每个社会个体都应该强化法治意识，不实施、不参与、坚决抵制保险诈骗行为。发现保险诈骗相关线索的，应积极向保险公司反映和向公安机关举报，净化市场环境，维护法治秩序。

三、培养风险意识

保险在现代金融体系中具有举足轻重的地位，加快保险行业发展，有利于优化金融体系结构。大力发展保险市场，充分发挥保险的资金融通功能，可以减轻整个金融体系对银行的过度依赖，加快保险行业发展，增强金融体系的稳定性和安全性，有利于金融创新。人类社会面临众多的风险，而保险就是化解风险、进行风险转移的有效手段。通过案例学习，企业与个人应具有正确的风险意识，理解生命的价值与意义，懂得运用合理的保险配置转移经营、疾病、养老等不确定的风险，学会正确应对风险，让未来的道路能走得更稳更远。此外，案例还提醒社会经济参与者注意保险风险，投保时要注意认真阅读保险条款，尤其是免责条款，对自身将来可能面临的风险及保险责任要有清醒的认识，从而选择合适的保险产品，避免在发生风险时对保险理赔产生不合理的预期。

第五章

Chapter 5

进出口商品的价格

第一节 章前导读

一、教学目标

1. 知识目标

掌握出口货物价格构成、进出口商品的作价原则与定价方法、计价货币的选用与折算、佣金与折扣的运用及价格条款的基本形式与内容。

2. 能力目标

掌握进出口货物成本核算、各种价格之间的换算，精通出口报价和还价核算；熟练运用和填制合同中的价格条款。

3. 价值目标

通过学习价格核算和合同中的价格条款，了解中国出口退税政策调整对出口价格的影响，理解退税作为调节对外贸易的重要手段在中国产业结构升级及进出口结构调整中的成效和积极意义，建立制度自信。

二、教学内容

进出口商品的作价原则：按照国际市场价格水平作价；结合国别、地区政策作价；结合购销意图作价。

影响进出口商品价格的主要因素：国际市场上的供求状况；商品的质量和档次；运输距离；交货地点和交货条件；成交数量；支付条件和汇率变动等。

出口换汇成本计算、进出口盈亏核算、出口商品价格的换算。

进出口商品的定价方法：固定价格；非固定价格；合同中的价格调整条款。

计价货币与支付货币的选择，汇率对国际贸易实务的影响；选择计价货币应考虑的因素。

佣金和折扣的含义、规定方法、计算方法；价格条款的基本内容和注意事项。

第二节 案例分析

案例 5.1

价格表述不一致引起的纠纷案

【案例介绍】

2013 年 5 月 18 日，H 公司（卖方）向印度尼西亚 B 公司出口一套电厂设备，合同约定采用即期付款信用证结算。

6 月 10 日，X 银行（开证行）以 H 公司为受益人，开立了即期付款信用证。信用证规定：

（1）信用证总金额为 8938290.98 美元；

（2）信用证到期日为 2013 年 12 月 16 日；

（3）最晚装船日期为2013年11月20日；

（4）H公司交单时应当提交商业发票、原产地证明等单据；

（5）适用最新版UCP；

（6）装货港为中国上海；

（7）合同×××要求的一套电厂设备；

（8）CIF印度尼西亚杜迈。

2013年11月29日，H公司经通知行中国建设银行无锡分行将信用证所要求的全套单据快递寄送给X银行。其中：

（1）商业发票显示涉案交易的价格条件为CIF印度尼西亚杜迈，价值8938290.98美元。

（2）原产地证明第七栏包装件数及种类、产品名称（包括相应数量及进口方HS编码）除其他相关内容外，还填写有“合同×××的电厂设备，CIF印度尼西亚杜迈”；第九栏毛重或其他数量及价格（FOB）项下除其他相关内容外，还填写有“USD：8938290.98”。

2013年12月5日，X银行通过通知行中国建设银行无锡分行发出拒付通知称：“原产地证明第9栏所列FOB价格为8938290.98美元，而发票显示CIF价格与之相同，即8938290.98美元，构成了冲突。前述的不符点我行无法接受，故我行拒绝支付信用证下款项。”

2013年12月24日，H公司向X银行发出《对553号信用证拒付通知的异议》，其中指出：“信用证要求H公司提供的由江苏出入境检验检疫局出具的原产地证书能够满足原产地证书的功能，即证明原产地，且该原产地证明第九栏中填写的价格也与商业发票以及保险单中的价格完全一样。即使原产地证明第九栏要求的是FOB价格且为了确保保险单、发票和原产地证中显示的金额完全一样，将CIF价格填入原产地证中，将此完全一样的数据视为不符点有违UCP第14条d、f款的规定。”

X银行称：（1）信用证项下单据无法明确显示该交易术语FOB价格出口还是CIF价格出口。H公司发出的《对553号信用证拒付通知的异议》，认可原产地证明上FOB价格处填写的是发票金额（即CIF价格），根据原产地证书第九栏中的“（FOB）”，显示交易条件可能为FOB。FOB价格仅包括在中国的装运港货物越过船舷的货物价格，而信用证要求的及商业发票、保险单显示的 CIF 价格是货物运送到到货港的货物价格，两个价格的金额一致，无法确定本案信用证交易所使用的术语及实际金额。（2）根据国际商会《跟单信用证统一惯例》（UCP 600）的相关规定，开证行仅基于单据本身确定是否在表面上构成相符交单，单据中的数据不得与该单据本身、其他要求的单据以及信用证中的数据矛盾。本案信用证要求受益人提交的单据作出了清晰规定，原产地证明是信用证所要求的主要单据，其主要功能除了要证实货物的原产地外，就是要通过显示详细的货物 FOB 价格来显示和证实该货物及/或服务来源、原产地的认定依据以及作为货物及/或服务通关纳税的计算依据。开证行有权依照信用证条款显示的“货物及/或服务”描述的 CIF 价格条款审查所有要求的单据及单据的内容，也有权根据信用证条款的金额以及是否在允许的金额浮动范围内审查单据及单据的内容。开证行据此对原产地证明第九栏内容进行审查，因为该栏位标明的货物描述以及货物的价值特别是和信用证项下受益人所能提取的金额、信用证金额允许浮动的百分比范围密切相关。原产地证明上货物的 FOB 价格与商业发票、保险单显示的 CIF 价格均为 8938290.98 美元，明显构成单据之间内容的矛盾，据此认定美湖公司提交的信用证项下单据不符，进而拒付。

H 公司称：（1）涉案交易系 CIF 交易，原产地证明记载的发票编号及日期、货物名称、合同编号、CIF 价格与均与发票内容相符，且原产地证明签发人声明一栏中已明确表示“根据所实施的监管，兹证明出口商所做申报正确无误”，因此将本案所涉原产地证书第九栏中的“（FOB）”推断为贸易术语是错误的。（2）本案所涉原产地证明属于信用证要求提交的运输单据、保险单据或商业发票单据以外的单据，且信用证未规定原产地证明的出单人或数据内容。原产地证明只要满足两个条件：一是原产地证明的内容看似满足中国—东盟自由贸易区优惠关税原产地证明的功能；二是其他方面符合 UCP 600 的规定，银行必须予以接受。显然，该原产地证明满足中国—东盟自由贸易区优惠关税原产地证明的功能。原产地证明第八栏填写了“WO”即完全取得（wholly obtained），说明所涉货物 100% 产自出口国，本案所涉原产地证明所描述的货物与商业发票所描述的货物是同一货物，因而无论在第九栏中填写什么数字均不会影响进口方所享受的关税待遇。此外，本案所涉原产地证书系中国和东盟国家通过国际条约和协定制定的标准格式。中国和东盟国家的条约和协定不会禁止交易双方使用其他贸易术语，更不会约定交易双方只能使用FOB贸易术语。因此，H公司提供的原产地证书和其他单据符合单证相符的规定，X银行必须兑付该信用证项下款项。

本案争议的焦点是：（1）能否根据原产地证明判定国际贸易术语为FOB价格；（2）使所涉信用证项下单据是否存在不符点。

【案例分析】

（1）由于上述原产地证书系格式文本，当事人无法就其中的栏目名称进行修订。第九栏中的“（FOB）”是栏目名称自带内容，该“（FOB）”表述不应被理解为国际贸易术语项下货物的FOB价格，具体理由如下：首先，该表述不符合国际贸易术语的基本格式。国际贸易术语主要描述货物从卖方到买方运输过程中涉及的义务、费用和风险的分配。根据《国际贸易术语解释通则2020》的规定，FOB是“船上交货（……指定装运港）”的简称，是指“卖方在指定的装运港，将货物交至买方指定的船只上，或者指（中间销售商）设法获取这样交付的货物。一旦装船，买方将承担货物灭失或损坏造成的所有风险”；CIF是“成本，保险加运费付至（……指定目的港）”的简称，是指“卖方将货物装上船或指（中间销售商）设法获取这样交付的商品。货物灭失或损坏的风险在货物于装运港装船时转移向买方。卖方须自行订立运输合同，支付将货物装运至指定目的港所需的运费和费用”。本案中的“（FOB）”表述后缺乏“（……指定装运港）”，明显不符合国际贸易术语的格式要求。其次，国际贸易术语项下的FOB价格与CIF价格构成明显不同，且无法简单套用某种公式或者以其他形式相互转化。上述原产地证书格式表格服务于中国—东盟自由贸易区内的国际贸易，中国—东盟自由贸易区内的国际贸易并没有限制当事人只能使用FOB价格而排除其他价格。如果将表格第九栏中的“（FOB）”理解为国际贸易术语项下货物的FOB价格，明显不符合市场需求。综上，将上述原产地证书表格第九栏中的“（FOB）”理解为国际贸易术语项下的FOB价格，不符合常理。对该“（FOB）”的合理理解应当是指引性的，即指引当事人在此栏中填入相应的货物价格。

（2）根据本案所涉信用证对单据的要求，受益人H公司应当提交“原产地证明正本一份，副本三份”。UCP 600规定：如果信用证要求提交运输单据、保险单据或者商业发票之外的单据，却未规定出单人或其数据内容，则只要提交的单据内容看似满足所要求单据的功能，且其他方面符合第 14 条 d 款，银行将接受该单据。UCP 600 第 14 条 d 款规定：单据中的数据，在与信用证、单据本身以及国际标准银行实务参照解读时，无须与该单据本身中的数据、其他要求的单据或信用证中的数据等同一致，但不得矛盾。根据上述规定，UCP 600 关于审单标准虽然确立了“表面上”相符的严格相符标准，但并未要求丝毫不差，只要单据与信用证要求以及单据与单据之间并不矛盾，即应当认定交单相符，开证行即应予付款。《最高人民法院关于审理信用证纠纷案件若干问题的规定》规定：“信用证项下单据与信用证条款之间、单据与单据之间在表面上不完全一致，但并不导致相互之间产生歧义的，不应认定为不符点。”该条规定与 UCP 600 第 14 条规定就审单标准而言体现的精神是一致的。本案争议所涉及的原产地证明属于信用证要求提交的运输单据、保险单据或商业发票之外的单据，且信用证未规定原产地证明的出单人或数据内容。据此，该原产地证明只要满足以下两个条件，银行必须予以接受：（1）原产地证明的内容看似满足中国—东盟自由贸易区原产地证明的功能；（2）其他方面符合第 14 条 d 款的规定。

X 银行将不同种类的数据进行比较违反 UCP 600 比较同类数据的审单规则。UCP 600 规定中的“等同一致”要求银行在审单时比较的数据必须是同一种类的数据，否则就不可能“等同一致”。“无须等同一致”并不意味着授权银行可以将不同种类的数据进行比较，而是要求银行在比较同一种类数据时不能过于机械以至于按照“镜像标准”去比较，应当允许同一种类的数据之间存在一些细微的差别，但这些细微的差别不得导致矛盾或歧义，其体现的仍然是比较同类数据的审单规则。《国际标准银行实务》（以下简称 ISBP 745）、国际商会银行委员会及中华人民共和国司法实践均持此观点。ISBP 745 规定：“如果拼写或打字错误并不影响单词或其所在句子的含义，则不构成单据不符。例如，在货物描述中的‘machine’显示为‘mashine’，‘fountainpen’显示为‘fountanpen’，或‘model’显示为‘modle’均不视为 UCP 600 第 14 条 d 款下的矛盾数据。但是‘model321’显示为‘model123’将视为该款项下的矛盾数据。”国际商业银行委员会官方意见 R740（咨询 TA722rev）认为，其他单据上的合同号与发票上的涉案合同号不同，构成 UCP 600 规定的矛盾数据。由此可见，银行在审单时必须遵循比较同类数据的审单规则，不仅是 UCP 600 的内在要求，也是《国际标准银行实务》、国际银行委员会和司法判例的一致要求。因此，在本案中，如果要审查货物价格，X 银行应审查的是单证之间、单单之间的 CIF 价格是否存在矛盾，因为涉案信用证、商业发票和原产地证明中均出现了涉案货物的 CIF 价格，而不是将货物的 CIF 价格与 FOB 价格进行比较。X 银行将货物的 CIF 价格与 FOB 价格进行比较，显然违反 UCP 600 比较同类数据的审单规则。

X 银行擅自将货物的 FOB 价格与 CIF 价格进行比较，并以货物 FOB 价格与 CIF 价格相同构成不符点为由拒付信用证项下货款，系对货物 FOB 价格适当性的审查，是对基础交易的介入。X 银行的这一做法违背了 UCP 600 关于银行审单不得介入基础交易的基本原则。

本案中，受益人 H 公司向开证行 X 银行提交了原产地证明，该原产地证明系“中国—东盟自由贸易区优惠关税原产地证书（申报与证书合一）表格 E”格式文本，其中第七栏“包装件数及种类、产品名称（包括相应数量及进口方 HS 编码）”下填写有“合同×××的一套电厂设备，CIF 印度尼西亚杜迈”等信息；第八栏“原产地标准”下填写有“WO”；第九栏“毛重或其他数量及价格（FOB）”下填写有“USD：8938290.98”等信息；根据 UCP 600 的规定，只要该原产地证书的内容看似满足其功能，且其中的数据与信用证要求的数据以及信用证要求的其他单据的数据不矛盾，即应当认为构成相符交单。故 X 银行主张的不符点不能成立，其应当向 H 公司支付涉案信用证项下款项，并承担相应的违约责任。

案例 5.2

国际贸易中的佣金纠纷案

【案例介绍】

2020 年 11 月 9 日，N 公司与 Y 公司签订凭样品买卖买卖合同。约定 N 公司向 Y 公司购买铝箔 62 吨，合同总金额 179840 美元，N 公司支付 25% 预付款，付全款后发货。合同签订后，N 公司于 2020 年 11 月 30 日向 Y 公司支付预付款 44960 美元。

2020 年 11 月 28 日，Y 公司与魏某签订佣金协议，约定 Y 公司自愿向魏某支付每吨 320 美元佣金。

魏某是淄博 HQ 公司的员工，N 公司是 HQ 公司在中国香港设立的离岸公司，有时为业务便利，HQ 公司通过 N 公司开展业务，N 公司员工的工资及提成均由 HQ 公司发放。

佣金系魏某主动向 Y 公司法定代表人田某索要，N 公司事先对此并不知情。买卖合同约定的价格是货物实际价格加佣金，但由于在 N 公司支付预付款后，田某未按时支付佣金，魏某向公司汇报了全部事实。

N 公司称：（1）Y 公司与魏某之间存在事前恶意串通行为。（2）魏某与 Y 公司的恶意串通行为损害了 N 公司的利益。魏某与田某之间的聊天记录充分证明涉案合同约定价格为实际价格加佣金，若涉案合同有效，N 公司必将以高于市场价的价格购买铝箔，N 公司的利益将会遭受损失。（3）买卖合同是由魏某代表 N 公司与 Y 公司协商签订的，属于三方法律关系。在合同订立过程中，N 公司既是合同的相对方，又是魏某的委托人，魏某与 Y 公司恶意串通签订涉案买卖合同的行为损害了 N 公司合法权益，应该认定 N 公司为利益受损害的第三人。（4）Y 公司向魏某支付佣金，该行为违反了公序良俗原则，且该行为促使 Y 公司与 N 公司签订的合同违反了《反不正当竞争法》。N 公司主张魏某代理 N 公司与 Y 公司签订的买卖合同应当归于无效。

Y 公司称：（1）Y 公司与魏某之间不存在事前恶意串通行为。Y 公司于 2020 年 11 月 9 日与 N 公司签订买卖合同，于 2020 年 11 月 28 日与魏某签订佣金协议，签订佣金协议的时间晚于签订买卖合同的时间。此外，Y 公司与 N 公司签订合同时，魏某并未向 Y 公司表明其是 N 公司的员工，也未提供任何 N 公司的委托手续，该佣金协议实为居间合同，魏某作为中间人促成 Y 公司与 N 公司之间签订了买卖合同。涉案买卖合同不具备法定合同无效的情形，该买卖合同合法、有效。（2）Y 公司与 N 公司签订的买卖合同并未损害 N 公司的利益。第一，Y 公司与 N 公司之间的买卖合同中约定的是 FOB 价格，该价格是离岸价格，Y 公司与魏某之间的佣金协议并未让 N 公司支付高于市场价格的费用。第二，N 公司与 Y 公司因外贸交易的退税规定签订买卖合同，根据国家相关规定，该笔交易的退税金额为 138000 元左右，若该笔交易完成，魏某将拿到佣金 19840 美元，折合人民币 132928 元，应当支付给魏某的佣金与退税金额相当，且该佣金从交易完成后的退税金额中支付。买卖合同签订后，铝箔的成本价与买卖合同中约定的价格持平，甚至更高，因此，Y公司并未从该买卖合同中获利，也没有因为与魏某之间的佣金协议抬高合同单价。(3) N公司是买卖合同当事人而非第三人，因此，不存在恶意串通损害第三人利益的情形。

本案争议焦点问题为：(1)《销售合同》的效力；(2) N公司是否为利益受损害的第三人。

【案例分析】

《民法典》规定，有下列情形之一的，合同无效：(1) 一方以欺诈、胁迫手段订立合同，损害国家利益；(2) 恶意串通，损害国家、集体或者第三人利益；(3) 以合法形式掩盖非法目的；(4) 损害社会公共利益；(5) 违反法律、行政法规的强制性规定。具体到本案，N公司与Y公司签订的买卖合同系双方当事人真实意思表示，不违背平等、自愿原则，不存在胁迫、欺诈行为，不违反法律法规的强制性规定。

魏某为淄博HQ公司员工，其接受N公司的委托寻找N公司所需产品，魏某接洽Y公司洽商合同的过程中并未向Y公司告知其为N公司的代理人。魏某与Y公司订立的《佣金协议书》表明魏某是作为中间人促成Y公司与N公司订立合同，Y公司在不知情的情况下，将魏某作为居间人并与之订立《佣金协议书》不能视为存在《反不正当竞争法》的禁止行为，不违反法律强制性规定，要求确认《销售合同》无效的理由不成立。

《民法典》第一百五十四条规定“行为人与相对人恶意串通，损害他人合法权益的民事法律行为无效”，是指合同双方或行为双方恶意串通，损害他人利益，而不是指合同一方或行为人一方与第三人恶意串通损害合同另一方或行为相对方的利益。N公司为买卖合同的当事人，而非该合同之外的第三人，N公司明确表示其与Y公司不存在恶意串通行为，故N公司不为利益受损害的第三人。

N公司与Y公司签订的《销售合同》意思表示真实，不违背平等、自愿原则，不违反法律强制性规定，不存在N公司主张的合同无效的事实及条件，该《销售合同》为有效合同。

第三节 思政元素

一、弘扬全人类共同价值，推动构建人类命运共同体

习近平总书记在2022年博鳌亚洲论坛开幕式发表主旨演讲指出："我们要坚持建设开放型世界经济，把握经济全球化发展大势，加强宏观政策协调，运用科技增强动能，维护全球产业链供应链稳定，防止一些国家政策调整产生严重负面外溢效应，促进全球平衡、协调、包容发展。"首先，中国是世界上唯一一个将"坚持和平发展道路"写入宪法的国家，坚持对话协商，致力于建设一个持久和平的世界；其次，中国方案秉持公道正义，倡导以对话增互信、以对话解纷争、以对话促安全，坚持共建共享为世界和平稳定增加希望；再次，中国坚持在与世界各国良性互动、互利共赢中擘画与推进自身发展，将自身发展经验和机遇同世界各国分享，坚持合作共赢，与各国携手建设共同繁荣的世界；最后，中国不断加强同各国的文明交流互鉴，创立亚洲文明对话大会、举办中国共产党与世界政党领导人峰会，不遗余力促进世界各国文明开展平等对话、交流互鉴，坚持交流互鉴共同推动人类文明发展进步。在新时代新征程上，我们要更加深刻理解和领悟推动构建人类命运共同体的理论价值、世界意义和历史意义，更加坚定地高举构建人类命运共同体伟大旗帜，为推动人类发展进步、开创更加美好的世界作出新的更大贡献。

二、培养求是、奋进的品质

2020年以来，对外贸易面临一定的外部挑战和压力，其中既有新冠疫情影响下全球经济增长放缓等短期因素，也有国际经济格局变化影响外贸增长等长期因素。当前外需走弱和外部环境不确定性加大，全球通胀仍处于高位，世界经济和贸易增长动能减弱，此外，贸易摩擦和壁垒可能因为激烈的国际竞争而增多。进

出口价格作为国际货物贸易环节中最核心的关键因素，价格条款的每一点变化都可能给外贸合同带来较大的变化。作为外贸从业人员，既要有敢于克服困难的担当，也要有善于化解问题的本领，要结合进出口商品的作价原则，综合考虑影响进出口商品价格的主要因素，实事求是地进行进出口定价和拟定价格条款。习近平总书记在省部级主要领导干部学习贯彻党的十九届六中全会精神专题研讨班开班式上作出精辟阐述："面对复杂形势、复杂矛盾、繁重任务，没有主次，不加区别，眉毛胡子一把抓，是做不好工作的。"国际贸易从业人员既要实事求是地厘清复杂多变的国际形势，又要有主次、分先后、知轻重，稳中求进，寻求务实可行的解决措施。

第六章

Chapter 6

国际货款的收付

第一节 章前导读

一、教学目标

1. 知识目标

掌握和应用对外贸易业务中的汇票、本票和支票。灵活运用汇付中的 T/T 来结算贸易货款。灵活运用托收中的 D/P 和 D/A 来结算贸易货款。灵活运用信用证结算方式进行贸易货款的结算。掌握每一种结算方式对于进出口商的风险，灵活用于磋商谈判。

2. 能力目标

通过案例分析和仿真的实验操作训练，熟悉及掌握本课程的相关技能，以便走上工作岗位后能更快进入业务角色，发挥专业特长。

3. 价值目标

（1）培养高度的结汇风险意识。结合贸易实务中的货款结算案例，如汇付和托收中进口商不按时付款或拖欠货款、信用证结算业务中进口商和银行给受益人设置的付款陷阱等事件，明晰进出口货物交易中货款结算的多方面风险问题，培养商业社会中的风险意识，清楚每一种结算方式都有不同程度的收汇风险、都要具有高度的风险防范意识。

（2）遵守商业伦理和职业道德，履行职责。通过本课程大量的案例分析及仿真实验操作，深刻认识到国际贸易结算实践过程中必须要坚守契约精神和诚信至上的信念，提高职业道德修养，增强职业责任心；面对复杂多变的国际贸易环境，应提高风险防范意识，培养科学分析能力和解决能力。无论是作为进口商还是出口商，要想在商业社会中立足，必须具备基本的商业伦理和职业道德，方能有长远的发展，达到践行教育的初心和使命。

二、教学内容

国际货款的收付是国际货物买卖中的重要环节，是合同中的核心条款。在国际贸易中，货款的收付直接影响双方的资金周转和融通，以及各种金融风险和费用的负担，关系到买卖双方的利益和得失。因此，买卖双方在磋商交易时，都力争约定对自己有利的支付条件。中国对外贸易货款的收付，一般是通过外汇来结算的。货款的结算主要涉及支付工具、付款时间、地点及支付方式等问题，买卖双方必须对此达成一致的意见，并在合同中作出明确的规定。

具体来说，国际货款的收付主要由结算工具、结算方式、国际惯例、结算单证四个部分构成。（1）国际结算常用的各种票据，主要有汇票、支票与本票及其性质、使用；（2）国际结算的常用支付方式，除传统的汇款、托收与信用证等方式外，还涉及支付方式的创新，如银行保函、国际保理和福费廷，跨境电商结算，结算中的融资与风险控制等；（3）涉及国际惯例和法律，以及清算体系；（4）国际结算单证，包括各类申请书和各类单据等。

第二节 案例分析

案例 6.1

承兑交单支付方式导致钱货两空

【案例介绍】

2012 年 4 月 12 日，中国山鹰公司与马来西亚 B 公司签订一笔 14 万美元的出口合同，B 公司要求以即期付款交单（D/P at sight）为付款方式。在货物装船起运后，B 公司又要求山鹰公司将提单上的托运人和收货人均注明为 B 公司，并将海运提单副本寄给他。货到目的港后，B 公司便以暂时货款不够等原因不付款赎单，要求出口商将付款方式改为 D/A，并允许 B 公司先提取货物，否则就拒收货物。由于提单的收货人已记名为 B 公司，使山鹰公司无法将货物再转卖给其他客户，于是山鹰公司只能答应买方要求。此后，马来西亚 B 公司以提单项下货物是自己的为由，以保函和营业执照复印件为依据，凭副本海运提单向船公司办理了提货手续，货物被 B 公司提走并进行了转卖。最后，B 公司不但不按期向银行付款，且再也无法联系上，使山鹰公司钱货两空。

【案例分析】

在本案例中，国外进口商非常精通国际贸易中的各种规定和习惯做法，并有着丰富的实践经验，利用山鹰公司对海运提单及托收付款方式不甚了解的弱点，使用了一个“连环套”——“D/P 见票即付—记名提单—D/A”，引诱山鹰公司进入其预先编织好的圈套，使山鹰公司失去了对货物的控制权，从而达到其非法占有山鹰公司货物的目的。

海运提单简称提单，是指由船长或船公司或其代理人签发的，证明已收到特定货物，允诺将货物运至特定的目的地，并交付给收货人的凭证。海运提单也是收货人在目的港据以向船公司或其代理提取货物的凭证。提单具有三种性质与作用：是承运人或其代理人签发的货物收据，证明已按提单所列内容收到货物；是一种货物所有权的凭证，代表着提单持有人可以凭提单请求承运人交付提单上所记载的货物；是承运人与托运人间订立的运输契约的证明。

提单可按不同用途或作用分类。根据提单是否可以流通可分为“记名提单”和“指示提单”。记名提单是指提单上的抬头人（即收货人）栏内填明特定的收货人名称，只能由该特定收货人提货，不能用背书的方式转让给第三者，因此记名提单不能流通。国际上只有对价值很高的货物或特殊用途的货物才采用记名提单。因此，为了保护自己，出口商应避免在D/P付款条件下出具记名提单。

在本案中，马来西亚B公司要求托运人和收货人均注明为B公司，这就使得该提单只能由该B公司提货，不能用背书的方式转让给第三者，不能流通。该批货物即使有别的客户需要也无法提货。而把托运人也写成B公司，则即使要求船公司把货物退运给山鹰公司也不可以。只有提单上的托运人才是与承运船公司达成运输契约的契约方，船公司依合同向托运人负责，并按托运人的指示将货物交给收货人或正本提单的持有人，同时提单只有在托运人背书后才发生物权的转移，因此提单上的托运人应为国内出口商或其贸易代理，而不能是任何第三方，更不能是货物的进口商。一旦货物的进口商成为海运提单的托运人，即意味着货物所有权的转移，同时出口商也失去了要求进口商必须付款的制约。本案例中，山鹰公司徒有正本提单也已丧失了对货物的控制权。

D/P见票即付和D/A付款方式，都是托收方式的具体做法。托收是出口人（债权人）将开具的汇票（随附或不随附货运单据）交给所在地银行，委托该行通过它在进口人（债务人）所在的分行或代收银行向进口人收取货款。国际商会制定的《托收统一规则》第2条对托收作了如下定义：托收是指由接到托收指示的银行根据所收到的指示处理金融单据或商业单据以便取得付款或承兑，或凭付款或承兑交出商业单据，或凭其他条款或条件交出单据。托收分为付款交单（D/P）与承兑交单（D/A）两种方式，它们都属于商业信用。按付款时间的不同，付款交单（D/P）又可分为即期付款交单和远期付款交单。即期付款交单（documents against payment at sight，D/P at sight）是指出口人发货后开具即期汇票连同商业单据，通过银行向进口人提示，进口人见票后立即付款，在付清货款后向银行领取商业单据。本案中，甲公司以为持有正本提单，乙公司会见票后立即付款，收汇有一定保证，没有想到提单的托运人与收货人均为乙公司，已受制于对方，只得接受D/A付款方式。

承兑交单（documents against acceptance，D/A）是指出口人的交单以进口人在汇票上承兑为条件。即出口人在装运货物后开具远期汇票，连同商业单据，通过银行向进口人提示，进口人承兑汇票后，代收银行即将商业单据交给进口人，在汇票到期时，方履行付款义务。由于承兑交单是进口人只要在汇票上办理承兑之后，即可取得商业单据，凭以提取货物。所以，承兑交单方式只适用于远期汇票的托收。承兑交单是出口人先交出商业单据，其收款的保障依赖进口人的信用，一旦进口人到期不付款，出口人便会遭到货物与货款全部落空的损失。承兑交单比付款交单的风险更大。因此，出口人对这种方式，一般采用很慎重的态度。

托收的性质为商业信用。银行办理托收业务时，只是按委托人的指示办事，并不承担对付款人必然付款的义务。在本案例中，乙公司在汇票到期后不向银行付款，银行不承担责任，而甲公司对乙公司的信誉又没把握好，风险只能由甲公司自行承担。

为了加强对外竞争能力和扩大出口，在出口业务中，针对不同商品、不同贸易对象和不同国家与地区的贸易习惯做法，适当采用托收方式是必要的，也是有利的。为了有效利用托收方式，必须注意下列事项。

（1）调查和考虑进口人的资信情况和经营作风，成交金额应妥善掌握，不宜超过其信用程度。

（2）了解进口国家的有关政策法令、贸易管制、外汇管制条例，以免货到目的地后，由于不准进口或收不到外汇而造成损失。

（3）了解进口国家的商业惯例，以免由于当地习惯做法影响安全迅速收汇。

（4）出口合同应争取按 CIF 或 CIP 条件成交，由出口人办理货运保险，或投保出口信用险。在不采取 CIF 或 CIP 条件时，应投保卖方利益险。

（5）要严格按照合同规定办理出口，制作单据，以免授人以柄，拖延付款或拒付付款。

（6）对托收方式的交易，要建立健全的管理制度，定期检查，及时催收清理，发现问题应迅速采取措施，以避免或减少可能发生的损失。

目前，国内许多新取得外贸经营权的公司由于受企业规模小、资金不足、市场竞争激烈，以及业务人员没有受过国际贸易业务培训、缺乏经验等条件制约，因此在对外签订合同时普遍去迎合外商的要求，疏忽了对相关环节的警惕和防范，使不法商人钻了空子。为此，应加强自身的风险防范意识，学习国际贸易理论与实务知识，关注《国际商报》刊登的国际贸易新知识和有关案例，同时还应拿起法律的武器来保护自己的权益。

案例 6.2

T/T 和 D/P 多种支付方式结合的支付纠纷案

【案例介绍】

2021 年 5 月 9 日，X 公司（买方）通过代理人 F 公司法定代表人黄某向 Q 公司（卖方）提供形式发票一份，形式发票载明的 Shipper 为 Q 公司，Buyer 为 X 公司。形式发票上载明付款方式：下订单后，以 T/T 支付 10% 定金，产前样确认后，以 T/T 支付另外 10% 定金，余下 80% 按客户要求 T/T 或 D/P。该发票同时载明了订单规格、品名，以及装运港中国宁波、目的地美国等内容。Q 公司予以接受。

2021 年 5 月 9 日，Q 公司工作人员发送电子邮件给黄某："请客人尽快付出 10% 的定金 32751.28 美元。试样面料、辅料开发和初样都在安排之中。"

2021 年 5 月 25 日，X 公司转入 Q 公司账户 32751.28 美元，2021 年 7 月 24 日，又转入 32751.28 美元。

2021 年 7 月 31 日，Q 公司通过海运方式发送第一批价值 74805 美元的货物，扣除已支付的定金 14961 美元，实际应支付 59844 美元。

2021 年 8 月 1 日，黄某向 Q 公司工作人员发送电子邮件："关于 PO#1004B 的 MCDJ－182B 款因为此次只出了 296 件，还差 906 件没有出货，跟客人沟通过，客人不接受这批货走 8/20 的船，否则根本赶不上销售，客人要求这 906 件必须在 8 月 15 号空运，否则客人说要取消，谢谢。"

2021 年 8 月 15 日，黄某发送电子邮件给 Q 公司工作人员："关于这一票空运货，经过跟客人那边沟通，最终客人那边接受 10% 的折扣（此折扣只是对尺寸方面的打折）。其他以下提到的问题要求翻箱改进好，然后安排最迟 20 号空运……"

2021 年 8 月 15 日，黄某发送电子邮件给 Q 公司工作人员称"客人船务部反映，由于上次出货时订了一个高柜，但最终出货只走了四十几个方，造成空间浪费，向船务公司那边核实了价格，两者相差两百美元，客人反映说需由工厂承担，请确认，谢谢”，Q 公司工作人员于同日回复称“200 美元费用我们承担”，黄某同日又回复“不好意思，搞错了，实际的差价是 350 美元，请确认是否可以”，Q 公司未作回复。

2021 年 8 月 21 日，Q 公司工作人员回复称：“请看附件修改的发票和箱单，已经按照你的要求扣去 10% 的折扣金额。”此批空运货物总金额为 10650 美元，扣除 10% 的折扣及已预付的 20% 的定金后为 7455 美元。

2021 年 8 月 21 日，Q 公司通过海运方式发送第二批价值 76730. 30 美元的货物，扣除已支付的定金 15346. 06 美元，再扣除第一批海运货物的赔偿款 8257. 20 美元，实际应支付 53127. 04 美元。

2021 年 8 月 22 日，黄某个人将空运货物的价款折算成人民币后的金额 49663. 63 元支付至 Q 公司工作人员张某个人账户。

2021 年 8 月 25 日，黄某发送电子邮件给 Q 公司工作人员：“由于出去的第一批货品质实在太差，请看以下的索赔金额，请确认以下并告知可以在第二批货款中扣除并把第二批的付款金额改正过来，请尽快确认，以便安排第一批的货款。谢谢合作。”

2021 年 8 月 29 日 Q 公司工作人员回复称“……我们同意第一票海运打 1. 4 美元/件的折扣……总计 8257. 20 美元在第二票货款里面扣除，第一票货款还是按照我发你的发票金额付款……”。黄某回复称“……按照所谈，每件要求索赔 1. 4 美元，合计为 8257. 20 美元。请把第二票出运的 Invoice 金额更改过来并重发给我……”。

2021 年 8 月 30 日，X 公司账户转入 Q 公司账户 59494 美元（59844 美元扣除 350 美元）。

2021 年 9 月 7 日，X 公司账户转入 Q 公司账户 53127. 04 美元。

2021 年 9 月 14 日，Q 公司工作人员向黄某发送电子邮件“……能否让客人先付款我们再让工厂出货……”。黄某于同日回复称“关于付款，这是完全不可能的事，至于工厂要带款提货，这是你和工厂之间的事”。

2021 年 9 月 20 日，Q 公司工作人员发送电子邮件给黄某：“我们同意这票货打 5% 的折扣，但我们有下面两个要求：（1）你出书面保证，前面出的大货不会向我们索赔，并保证这票货到客人港口 10 天内，客人会付款；（2）你的房产证要给我们去办理公证，保证以上内容。如果你同意，我们今天就和工厂去商量出货事宜”。黄某于同日回复“以上的条款纯属是无理取闹，我唯一能保证的事情是客人会在提货前把货款付清，但我不能保证客人到港口几天时间会付款的……”

2021 年 9 月 28 日，黄某发送电子邮件给 Q 公司工作人员：“由于没有按照要求的时间出货，经过跟客人那边的沟通，客人此批货要求 20% 的折扣，请马上安排出运，如果再有任何迟延，最终的损失需由你们公司自己去承担”。Q 公司工作人员于次日回复称：“不是我们的货没有做好，有你的验货报告及邮件往来为证。是我们怕你无理打折，所以要求你先付款我们再出货。现在是你不付款不来提货，而不是我们没有按照要求出货，请知悉!”

2021 年 10 月 15 日，黄某发送电子邮件给 Q 公司工作人员：“关于 CNFW－1003/CNFW－1005B 两个 PO 的货物，由于你们没有按照约定的条款出货造成此批货已经严重延迟，最终客户已决定取消此批货的进口并且要求追加此批货物总货款 30% 的违约金，请知悉并确认。”

后 Q 公司未安排出货。

X 公司称：（1）确认 X 公司与 Q 公司之间的买卖合同于 2021 年 10 月 15 日解除。X 公司与 Q 公司约定本案付款方式为以 T/T 支付定金，每批货物余款按客户要求 T/T 或 D/P 方式。按该约定付款条件，X 公司对于货款余款应在 Q 公司发货之后放货（交单）之前支付。双方实际交易的第一批（含空运）及第二批均是在支付定金后先交单、再付款的方式进行。双方并未以 D/P 付款方式进行交易。第三批货物，Q 公司提出要求先把货款付至生产厂家，在此前提下，生产厂家才出货。显然这一付款方式，把 X 公司付款时间提前到发货前，不但与双方之间前两批货物的付款方式不符，也与双方约定的 D/P 付款方式不符。故 Q 公司后未经 X 公司同意要求 X 公司先行支付货款系单方改变付款方式，与双方约定不符，Q 公司存在违约行为，应承担违约责任。（2）Q 公司双倍返还 X 公司定金。

Q 公司称：（1）X 公司支付货款的方式不符合双方的 D/P 约定，故 X 公司违约在先；（2）本案不能用定金罚则，因为定金罚则的适用条件为：必须有违约行为；必须有合同目的落空的事实。本案中 X 公司所需的全部服装已出口给了 X 公司，X 公司的合同目的已经全部实现，故不存在适用定金罚则。

X 公司与 Q 公司通过形式发票形成的买卖合同关系，双方之间的交易为分批交货，系双方真实意思表示，合法有效，双方均应按约全面履行各自合同义务。本案争议焦点在于：（1）Q 公司是否违约；（2）是否适用定金罚则。

【案例分析】

本案双方当事人之间的形式发票载明付款方式为“下订单后，以 T/T 支付 10% 定金，产前样确认后，以 T/T 支付另外 10% 定金，余下 80% 按客户要求 T/T 或 D/P”。同时，形式发票对货物规格、品名及分批发货的时间进行了具体约定。Q 公司对 X 公司支付定金的方式并无异议。形式发票中约定的付款方式是“按客户要求 T/T 或 D/P”，并非仅约定以 D/P 方式支付。根据双方均确认的事实，Q 公司于 2021 年 7 月 31 日通过海运方式发出第一批货物，同年 8 月 30 日收到相应货款；2021 年 8 月 21 日，Q 公司通过海运方式发出第二批货物，同年 9 月 7 日同样收到相应货款。其间，双方就货柜费用、货物质量问题及货款折价等通过电子邮件方式进行了沟通，并达成一致，但 Q 公司对收到 X 公司支付的货款从未提出不符合约定付款方式的异议。由于双方之间形式发票载明的 T/T 并未明确约定是“前 T/T”还是“后 T/T”，结合形式发票还约定了另一种付款方式“D/P”，按照双方约定的付款条件，X 公司对于货款余款应在 Q 公司发货之后放货（交单）之前支付，并无不妥。况且，对于 X 公司支付定金及第一、第二批货款的方式，Q 公司在履行过程未曾提出异议。因此，Q 公司在第三批货物出货前，要求 X 公司先行支付货款属于单方要求改变付款方式，对此如未与 X 公司协商一致，则不产生变更的效果。在 X 公司不同意改变付款方式并通知 Q 公司按约发货后，Q 公司仍以“你先付款我们再出货”为由拒绝发货，其行为构成违约，应承担相应违约责任。

本案双方之间在形式发票中明确约定了货款的 20% 为定金，X 公司亦依约实际支付了两笔定金。《联合国国际货物销售合同公约》对于定金或定金罚则未作出特别规定，但公约赋予双方当事人对包括违约救济在内的各事项以充分的意思自治。由于双方当事人在本案诉讼中明确选择适用中国法律，故对于案涉定金可以结合中国《民法典》等相关法律规定进行理解：“……收受定金的一方不履行债务或者履行债务不符合约定，致使不能实现合同目的的，应当双倍返还定金。”因此，对 Q 公司未履行的债务适用定金罚则，应双倍返还定金。

案例 6.3

D/P 远期支付方式

【案例介绍】

2022 年 4 月，中国甲公司与英国乙公司签订出口合同，支付方式为 D/P 120 天。中国丙银行将单据寄出后，直到 2022 年 9 月尚未收到款项，遂应甲公司要求指示英国丁代收行退单，但到丁代收行回电才得知单据已凭进口商乙公司承兑放单，虽经多方努力，但进口商乙公司以种种理由不付款，进出口商之间交涉无果。后中国丙银行一再强调是英国丁代收行错误放单造成出口商钱货损失，要求丁代收行付款，丁代收行对中国丙银行的催收拒不答复。2022 年 11 月 20 日，丁代收行告知中国丙银行进口商已宣布破产，并随附法院破产通知书，致使出口商钱货两空。

【案例分析】

D/P 远期（documents against payment after sight，D/P after sight）指进口商在汇票到期时付清货款后取得单据。D/P 远期托收是目前中国出口业务中较常见的结算方式，是托收业务中 D/P（付款交单）的一种。D/P 远期在具体办理时主要有三种形式：①见票后 × ×天付款；②装运后 × ×天付款；③出票后 × ×天付款。一般做法是当托收单据到达代收行柜台后，代收行向进口商提示单据，进口商承兑汇票后，单据仍由代收行保存，直至到期日代收行才凭进口商付款释放单据，进口商凭以提货。采用这种方式一般基于货物在航程中要耽误一定时间，在单据到达代收行时可能货物尚未到港，且出口商对进口商资信不甚了解，不愿其凭承兑便获得单据。D/P 远期处理实际上是出口商已经打算给予进口商资金融通，让进口商在付款前取得单据，实现提货及销售的行为。这是给进口商的一种优惠，使其不必见单即付款，如进口商信誉好，还可凭信托收据等形式从代收行获得融资，而且出口商也可由此避免风险，在进口商不付款的情况下，可以凭代收行保存的货权单据运回货物或就地转售，相对承兑交单项下的托收，出口商的货款安全保证要大一些。

但使用这种方式也可能造成不便，如货已到而进口商因汇票未到期拿不到单据凭以提货，导致进口商无法及时销货，容易贻误商机，甚至造成损失，所以往往要求代收行给予融通：①进口商向代收行出具信托收据预借单据，取得货权；②代收行与进口商关系密切，在进口商作出某种承诺后从代收行取得单据。

进口商向代收行出具信托收据预借单据又分为两种情形。

第一种是出口商主动授信代收行可凭进口商的信托收据放单，这是出口商对进口商的授信，一切风险和责任均由出口商承担，进口商能否如期付款，代收行不负任何责任。这种情形就相当于 D/A（实际上从票据法的角度来看，这种方式还不如 D/A 好）。

第二种是进口商在征得代收行同意的情况下，出具信托收据，甚至可提供抵押品或其他担保，向代收行借出全套单据，待汇票到期时由进口商向代收行付清货款再赎回信托收据。因为这是代收行凭进口商的信用，抵押品或担保借出单据，是代收行对进口商的授信，不论进口商能否在汇票到期时付款，代收行都必须对出口商承担到期付款的责任和义务。

这样就给代收行带来风险，一旦进口商不付款，代收行必须垫付，所以国际商会《托收统一规则》（URC 522）不鼓励 D/P 远期托收这种做法。《托收统一规则》第 7 条规定：托收不应含有远期汇票而同时规定商业单据要在付款后才交付。如果托收含有远期付款的汇票，托收指示书应注明商业单据是凭承兑交单（D/A）还是凭付款交单（D/P）交付款人。如果无此项注明，商业单据仅能凭付款交付，代收行对因迟交单据产生的任何后果不负责任。

此外，D/P 远期托收业务还有其他风险，如有些国家不承认远期付款交单，一直将 D/P 远期作 D/A 处理，两者在这些国家法律上的解释是一样的，操作也相同，而根据《托收统一规则》，若托收业务与一国、一州或地方所不得违反的法律及（或）法规有抵触，则《托收统一规则》对有关当事人不具约束力，而此时若出口商自认货权在握，不进行相应风险防范，而进口商信誉欠佳，则极易造成钱货两空的被动局面。

如果选择作 D/P 远期处理，那么，作为出口商应该把握以下几点。

（1）作 D/P 远期处理，要有风险意识，在选择客户尤其是进行大额交易时，一定要先考虑客户的资信，D/P 方式是建立在进口商信用基础上的，总体来说这种方式对出口商不利，风险较大并且随时都存在，不宜多用。

（2）在合同洽谈时应尽可能确定代收行，尽可能选择那些历史较悠久、熟知国际惯例且信誉卓著的银行作为代收行，以避免银行操作失误、信誉欠佳造成的风险。

（3）在提交托收申请书时，应尽可能仔细填制委托事项，不要似是而非，而要根据进口商的资信情况和能力来确定是否接受信托收据的方式放货。

（4）办理 D/P 远期托收业务时尽量不要使远期天数与航程时间间隔较长，造成进口商不能及时提货，一旦货物行情发生变化，易造成进口商拒不提货，则至少会造成出口商运回货物的费用或其他再处理货物的费用。

（5）为避免货物运回的运费或再处理货物的损失，可让进口商将相关款项作为预付定金付出，如有可能预付款项中可以包括出口商的利润。

（6）在托收业务中最好选择 CIF 价格条款，以防货物在运输过程中货物损坏或灭失导致进口商拒付同时索赔无着的风险。

（7）货物发运后，要密切关注货物下落，以便风险发生后及时应对，掌握主动权，尽快采取措施补救。

（8）要注意 D/P 远期在一些南美国家被视作 D/A，最好事先了解清楚，做到知己知彼。

案例 6.4

信用证的到期日与交单期

【案例介绍】

2021 年 5 月 10 日，中国 A 公司与法国 B 公司签订了一份出口农产品合同，数量为 1000 吨，每吨 70 美元（CIF 鹿特丹条件），合同规定采用信用证方式付款。法国 B 公司通过开证行按时开来信用证，该证规定：总金额不得超过 70000 美元，信用证有效期为 7 月 31 日，未规定交单期。信用证内注明按《跟单信用证统一惯例》（UCP 600）办理。A 公司于 7 月 4 日将货物装船完毕，取得提单，签发日期为 7 月 4 日。7 月 26 日 A 公司向银行交单议付，银行以已过交单期为由拒付。

【案例分析】

国际商会《跟单信用证统一惯例》（UCP 600）第 42 条规定："a. 所有信用证须规定一个到期日及一个付款、承兑交单地。议付信用证尚须规定一个议付交单地，但自由议付信用证除外。所规定的付款、承兑或议付的到期日，将视为提交单据的到期日。b. 除第 44 条（a）规定外，必须于到期日或到期日之前交单。c. 如开证行注明信用证的有效期限为‘1 个月’‘6 个月’或类似规定，但未指明自何日起算者，开证行开证日期即视为起算日。银行应避免用此种方式注明信用证的到期日。”信用证的到期日是银行承兑付款、承兑及议付货款责任的最迟的期限，也是约束信用证的受益人交单议付的期限。信用证未规定到期日是无效的，不能使用；信用证的受益人若晚于信用证规定的到期日提交单据的，银行有权拒付。

《跟单信用证统一惯例》第 43 条“对到期日的限制”规定：“凡要求提交运输单据的信用证，除规定一个交单到期日外，尚须规定一个在装运日后按信用证条款规定必须交单的特定期限。如未规定该期限，银行将不予接受迟于装运日期后 21 天提交的单据。无论如何，交单不得迟于信用证的到期日。”信用证的交单期是针对要求提交运输单据的信用证而言的。

因此，受益人的交单要受信用证的到期日与交单期这两个日期的约束。信用证对交单期的规定是为了约束受益人，促使其在出运后及时交单以保障开证申请人的利益。如果受益人出运后不及时交单，会影响开证申请人及时提货转售，贻误商业时机。

在本案例中，信用证的到期日是 7 月 31 日，但因该信用证要求提交运输单据——提单，且为规定装运日后必须交单的特定期限，所以，A 公司应在装运日期后 21 天以内向银行提交单据，即 A 公司交单议付的最迟期限不得晚于 7 月 25 日。A 公司实际到 7 月 26 日才交单，违反了装运日期后 21 天提交单据的规定，银行有权拒付。

另外，《跟单信用证统一惯例》第 44 条规定：“如信用证的到期日及/或按本惯例第 43 条规定所适用的交单的期限最后一天，适逢接受单据银行因第 17 条规定以外的原因而停止营业，则规定的到期日及/或装运日后一定期限内必须交单的最后一天，将顺延至该银行恢复营业后的第一个营业日。”但是，根据《跟单信用证统一惯例》第 17 条规定，若该银行中断营业是由于天灾、暴动、骚乱、叛乱、战争、罢工、停工或银行本身无法控制的任何其他原因，则信用证规定的到期日或交单期的最后一天不能顺延。

案例 6.5

信用证严格相符原则

【案例介绍】

中国甲公司授权下属独立法人乙公司，办理进出口结算和开立信用证业务。2011 年 12 月 11 日，乙公司以甲公司的名义向中国农业银行某省分行申请开立信用证。2012 年 1 月 15 日，农行某省分行开出了一份不可撤销信用证，其申请人为甲公司，受益人为香港丙有限公司，通知行为香港某商业银行，金额为 302280 美元。该信用证单据条款第 2 条约定："由申请人发出的货物收据上申请人的签字必须与开证银行持有的签字式样相符。"甲公司预留在农行某省分行的信用证项下货物收据签字样本为：在同一张样本上盖有两个甲公司公章，一个公章附有"WB"的签名，另一个公章附有"YF"的签字。2012 年 1 月 31 日，甲公司证实收到信用证项下货物，并由乙公司的 YF 在货物收据上签名。丙公司将信用证项下的单据交给农行某省分行，请求付款。农行某省分行审单后，发现丙公司提交的货物收据只有甲公司公章和 YF 一人签字，遂于 2012 年 2 月 26 日以"货物收据上之签署有异于开证银行所持之签署式样"予以拒付，并通知了乙公司。受益人丙公司认为单证相符，开证行不当拒付，遂向某省高级人民法院起诉开证行农行某省分行，要求其兑付信用证。

法院审理结果如下。

一审：某省高级人民法院。

经审理认为：农行某省分行开出的信用证，被丙公司接受后，即发生法律效力，对信用证各方当事人均有约束力。丙公司提交的单据存在着货物收据上的签字与开证银行持有式样不同的不符点，违背了单单相符、单证相符的原则，根据《跟单信用证统一惯例》（UCP 600）的规定，农行某省分行予以拒付是正当的。

上诉双方意见：

受益人不服一审判决，上诉到最高人民法院。上诉人认为：（1）在签字样本通知书上两个授权章与其样本上的各自署名实际是两个独立签字样本，只要货物收据上盖有一个与样本通知书上相同的授权签字章，同时在授权签名处有一个授权人签名，则应认定其与开证行持有的签名样本一致。（2）受益人提交的信用证项下的货物收据上，盖有一个与样本通知书上相同的签字章，同时在该章的授权签名处，有被独立授权人之一的“YF”的签名。应认定其与开证行持有的签名样本完全一致。

开证行则认为：开证申请人在开证行留存的一个签字样本上有“YF”和“WB”两人的签名，两个人的签名是一个不可分割的整体，丙公司提供的货物收据上的签名仅有“YF”一人，属于不符点。此外，开证行根据《跟单信用证统一惯例》规定，在开证申请人不同意接受不符点的情况下，拒绝兑付是正确的。受益人只能要求购销合同的当事人支付货款。

二审：最高人民法院。

经审理认为：农行某省分行接受甲公司的委托，开出了受益人为丙公司的信用证，丙公司接受了信用证，上述行为是各方当事人真实意思表示，不违反法律规定，应为有效，因此而产生的法律文件，对各方当事人均具有约束力。该信用证单据条款中约定有“由申请人发出的货物收据，申请人的签字必须与开证银行持有的签字式样相符”等内容，开证申请人留存给开证行农行某省分行的货物收据签字样本通知书上盖有两个甲公司公章，在每个公章的授权签名处分别有“YF”和“WB”的签名。丙公司作为信用证受益人提供给开证行农行某省分行的货物收据上的仅盖有一个甲公司公章并仅有“YF”一人的签名。该单据在表面上与信用证条款规定的开证申请人在开证行留存的签字样本明显不符。

根据信用证交易的特点及《跟单信用证统一惯例》的规定，银行只要发现单据表面上不符，则可以拒绝接受。丙公司所称留存在银行的签字样本通知书上两个授权章与其上的各自署名是两个独立的签名样本，其提交了其中一个与样本通知书上相同的授权签字章和授权人的签名，即应认定与开证行持有的签字样本一致的上诉理由于法无据，本院不予支持。判决如下：驳回上诉，维持原判。

【案例分析】

（1）严格相符原则在信用证纠纷案件中的适用。

《跟单信用证统一惯例》第 14 条规定，银行在审查单据时的标准是单据必须在表面上和信用证规定的条款相符，并且单据之间也必须一致。

本案发生争议的信用证，银行留存的货物收据签字样本中有两个实际开证申请人甲公司的公章，以及两个货物收据签发人的签名，一个是“YF”，另一个是“WB”。而受益人提交货物收据中却只有“YF”一个人的签字。受益人主张，货物收据签字样本中受益人的货物收据是各自独立的签字样本，只要符合其中一个即可。开证行却根据严格相符原则，认为两个公章和两个签字必须同时相符。二审法院支持了开证行的主张，认定单据和信用证规定的银行留存样本表面上存在“明显不符”。最高法院严格尊重信用证项下各方当事人的约定，即使信用证的条款对受益人极端不利。

（2）信用证“软条款”导致受益人受骗与败诉。

本案争议中的关键问题，涉及开证行留存的货物收据签字样本的条款，是贸易与银行界所称的“软条款”。信用证中的“软条款”是指主动权掌握在开证申请人手中，受益人无法控制的条款，或意思含混不清、模棱两可的条款。因难以满足这种条款，往往会给受益人安全收汇造成相当大的困难和风险。因为该条款所规定的单据将不受受益人控制，相反该条款将由开证申请人控制受益人提交的单据是否和信用证严格相符。

所有信用证中存在的“软条款”对信用证受益人都不利，而且“软条款”的形式与内容各种各样，有的受益人知道具体内容，有的则不知道其具体内容；有的受益人能够做到，有的经过努力与有关当事人合作能够做到，有的则做不到；有的是开证人故意设置的陷阱，一旦市场对自己不利时作为违约或逃避风险的借口，甚至作为诈骗的手段。

解决信用证“软条款”问题应采取五种措施：一是慎重选择贸易伙伴。二是在贸易合同中不要订入“软条款”，否则，出口商将难以拒绝接受带有“软条款”的信用证。三是当事人拒绝信用证采用“软条款”，信用证项下的受益人要自己当心，不要接受包含“软条款”在内的信用证，必须努力避开信用证中的“软条款”。四是即使当事人之间一定要采用“软条款”或相似效果的条款，银行也应该将当事人指定的有关留底连同信用证发送给受益人或通知行，以便受益人及时知晓该条款的具体要求，以尽可能地避免受益人提交的单据中的不符点。五是受益人一定要仔细审核信用证，发现类似“软条款”，事先详细了解该“软条款”的内容，看自己能否达成，能够达成的，为保持业务关系，可与议付行积极合作，努力达成，否则应要求对方修改信用证。本案的受益人可能不了解该“软条款”的具体要求，因而吃亏。当然，有时“软条款”的发生是基于商业交易中各方的自愿安排，但是即使自愿采用和接受“软条款”的商家也必须对“软条款”保持高度警惕。

第三节 思政元素

汇款、托收与信用证是国际结算中的三种结算方式，广泛应用于国际贸易。在讲授和案例分析中，主要从以下方面探讨思政元素。

一、大国诚信

企业家要做诚信守法的表率，带动全社会道德素质和文明程度提升。诚信是企业生存发展的基石，也反映了市场体系发育的成熟程度和整个社会的文明程度。中国已建立较为完善的市场诚信体系和法律监督机制，但由于种种原因，还存在着一些企业不诚信、钻法律空子等的现象，在一定程度上影响了市场秩序。

社会主义市场经济是信用经济、法治经济，而法治意识、契约精神、守约观念是现代经济活动的重要意识规范，也是信用经济、法治经济的重要要求。企业家诚信守法至关重要，深刻影响着经济运行和社会风气。为促使企业诚信守法，可以制定商业信用标准、建立商业诚信档案数据库，作为企业获得政策措施支持和银行贷款的重要依据，激发企业诚信守法的内生动力。要对诚信守法企业给予表彰和奖励，对违规违法企业进行严惩，使诚信守法成为企业的一种自觉行为，对自己负责、对社会负责。企业家要始终将诚信守法作为经营活动中一项基本的准则、必备的素质、必须承担的责任。在认真经营、努力发展壮大硬实力的同时，遵纪守法、率先垂范，营造风清气正的良好氛围，从而提升企业的软实力，提升全社会的文明程度。

古人云：“诚信者，天下之结也。”就是说诚信是结交天下的根本。中国将坚持对外开放的基本国策，发挥超大规模市场优势和内需潜力，着力推动规则、规制、管理、标准等制度型开放，不断加大知识产权保护力度，持续打造市场化、法治化、国际化营商环境，为中外企业创造公平公正的市场秩序。

当今世界正面临着纷繁复杂的全球性问题，单边主义、逆全球化、人口过快增长、环境污染、资源短缺、疫情冲击……无不考验着各国应对挑战的勇气与智慧。在百年未有之大变局中探索一条可持续发展之路，必须顺应经济全球化，实行更加积极主动的开放战略。诚信是结交天下的根本，这既是中国文化的精髓，也是人类社会进步发展的要义。在实现中华民族伟大复兴的新征程上，我们要以此为遵循，切实推动全方位对外开放，更好地实现中国与世界的共同发展。

在国际贸易中，合同是一切贸易行为的基础，不论采用何种结算方式，贸易是否成功的关键都在于进出口双方是否能够诚实守信地履行合约，如货到付款时进口商是否会按时付款，托收方式承兑交单中进口商提货后能否按时付款，出口商是否会按合同要求发货或者是否会伪造相关单据骗取货款等。诚信也是做人的基本准则，更是立国之本，是现代信用经济迅速发展的基石，是中国特色社会主义市场经济的核心竞争力之一，也是社会主义核心价值观的重要体现。

二、遵守国际规则

托收和信用证是比较复杂的支付方式，因其使用的广泛性和结算过程的复杂性，国际商会对信用证的使用规则进行了统一规定，形成了相应的国际惯例，并将其作为贸易规则及争端解决的依据。中国目前是世界第一贸易大国，在世界经济贸易发展中的地位和参与度不断提升，了解和掌握世界经济贸易的发展规则十分必要。

随着世界经济贸易发展的多样化，不断有旧规则的完善和新规则的制定，作为世界第一贸易大国，增强在国际规则制定中的话语权十分必要。既要遵守国际规则，也要提高中国在国际规则制定中的话语权。

三、树立风险意识

诚信是贸易的基石，若缺失诚信，则会给各贸易参与者带来不同的风险。没有哪种结算方式是绝对安全的，因此要时刻树立风险意识，识别贸易陷阱，在未来的工作中提高贸易效率及安全性。而对风险的预判和规避需要加强对专业知识的重视程度，积累扎实的专业知识和外贸经验。

四、与时俱进，勇于创新

除传统的国际汇款、托收和信用证外，现代国际结算方式还包括保函、保理、备用信用证及福费廷等偏向于融资担保的新型结算方式。新型结算方式是基于现代银行信用体系比较发达以及国际经济中资金流通速度较快等特点而出现的。可以肯定的是，国际结算方式有较大的创新空间，创新的基础则是实事求是、与时俱进，因此不断进取、与时俱进、勇于创新是非常必要的。

第七章

Chapter 7

争议的预防与处理

第一节 章前导读

一、教学目标

1. 知识目标

掌握贸易合同的磋商和订立，合同条款、装运条款、进出口商品检验、合同的履行、贸易争端的处理等。

2. 能力目标

灵活处理国际贸易各环节中出现的各种问题，在实际操作中减少损失。

3. 价值目标

遵法、学法、守法、用法，必须养成良好的法治思维和行为方式，做到在法治之下，而不是法治之外，更不是法治之上。

二、教学内容

国际贸易涉及的环节多，包括贸易合同的磋商和订立，合同条款、装运条款、进出口商品检验、合同的履行、贸易争端的处理等。特别是国际货物买卖合同成立的条件和签订书面合同的注意事项，以及进出口合同履行过程中备货、开证、审证、托运、投保、制单结汇、付款、提货、报关等环节，任何一环节出问题，都有可能产生纠纷。本章主要就其中一些特殊情形，如无单放货、损害赔偿范围与数额的确定、申请人发货前是否有权对合同货物进行检验、信用证修改导致装运期延展等情况进行分析，以期在实际操作过程当中减少损失。

第二节 案例分析

案例 7.1

海上货物运输合同无单放货纠纷案

【案例介绍】

2015 年 7 月 31 日、8 月 7 日，原告浙江 F 公司案外人 K 公司以传真方式签订了各 20 万套男生、女生校服的售货确认书，嗣后作为该项贸易不可撤销可转让信用证的被转让受益人，收到了案外人 HBZ FINANCE LIMITED 出具的 4 份信用证项下文件。信用证项下文件规定，托运人为 AL HOSAN FOR IMPORT AND EXPORT/AL FARIS FOR IMPORT，收货人为凭“伊高教部”指示，货物标签上需显示 AL HOSAN 或 AL FARIS 或 FAST，根据买方安排。

原告浙江 F 公司按照售货确认书的要求，通过签订购销合同和全额支付国内含税务收购价款，从东阳 B 公司等 9 家厂商处收购涉案各类服装。在信用证规定的货物出运期限及信用证有效期已过的情况下，浙江 F 公司仍在启运港通过“某国际货运有限公司—上海国际船务货运公司—上海外联发国际货运有限公司—三星货代公司”的层层代理，分 21 批次向被告台湾 L 公司订舱出运男生校服 86900 套，女生校服 34500 套，这些货物的外销价合计 2602562 美元，含税收购价合计 21414348.25 元，按照信用证要求，浙江 F 公司对出运货物履行了出具声明、船龄证明、货物质检等手续并支付了海运费后，通过前述各货运代理环节取得台湾 L 公司的代理人——上海联合国际船舶代理有限公司签发了 21 套正本海运提单，这些提单上的收货人均为凭“伊高教部”指示。在庭审中，台湾 L 公司确认其已收取了相关海运费。

涉案货物出运后，原告浙江 F 公司将全套贸易单证通过银行杭州分行向 HBZ FINANCE LIMITED 托收，因无人赎单，全套贸易单证明最终由该行退还浙江 F 公司。退单背面均没有伊高教部的指标背书。庭审中，被告台湾 L 公司确认其已将涉案货物运抵伊拉克交付给该国政府指定的伊拉克国家水运公司，由后者向伊高教部交付所有货物。故涉案货物的正本海运提单均未收回。

【案例分析】

本案台湾 L 公司是货物的承运人，浙江 F 公司是货物托运人。浙江 F 公司使用跟单托收手段向货物买方收取货款，买方没有赎单，单证被退回浙江 F 公司，合同项下的货物却已经被提走，浙江 F 公司以承运人台湾 L 公司无正本提单放货，给其造成货物损失为由向法院提起诉讼。

承运人有义务在目的地向收货人交货，根据托运的人的请求，承运人应该签发提单给托运人、承运人与收货人，提单持有人之间的权利义务内容依照提单的规定确定，此时，承运人应该凭单放货。

所谓凭单放货是指在海上货物运输中，承运人只要签发了提单，承运人及代理人、受雇人在卸货港应将货物交付给持有正本提单的人，且必须收回提单正本的情况下才能交付货物，否则将面临无单放货的责任。具体表现为：在记名提单项下，承运人应该依据记名提单向记名的收货人交付货物；在指标提单项下，按照指标人的指标交付货物，即按照指标人对提单的背书，将货物交给记名的背书人，或者按照被背书人的进一步指示交付货物，或者将货物交付给空白背书后的指标提单的持有人；在不记名提单项下，将货物交付惯例提单的持有人。《海商法》第七十一条规定了承运人凭单放货的合同义务，即承运人签发提单后，承运人就应该按照提单的记载，将货物交付给正确的承运人，同时收回正本提单。本案台湾 L 公司没有收回提单正本却将货物交出去，又没有提出凭单放货例外的抗辩理由和证据，给托运人的权利造成的损害，承运人台湾 L 公司应该承担赔偿责任。

案例 7.2

精制白蔗糖购销合同争议仲裁案

【案例介绍】

2010 年 10 月 29 日，申请人中国 S 贸易公司与被申请人法国 F 有限责任公司签订了精制白蔗糖购销合同。

在合同签订后，申请人于 2010 年 11 月 7 日与河南省某食品公司签订食品食糖购销合同。该项购销合同中的货物名称及数量与申请人与被申请人签订的合同相同。依据该购销合同的规定，在被申请人完全履约的情况下，申请人从销售每吨白糖中应获得毛利润人民币 1846.91 元，减去中国进口关税、增值税、港杂费，每吨应获得纯利润为人民币 478.04 元，申请人从该笔交易中应获得总利润为人民币 11951000 元。

2010 年 11 月 17 日，申请人申请中国银行开出以被申请人为受益人的信用证，但被申请人一直拒绝交货。因被申请人严重违反与申请人之间的进口合同，申请人由此遭受损失包括：申请人必须支付给国内客户某食品公司的违约赔偿金人民币 880 万元；申请人开立信用证手续费人民币 72381.09 元；申请人内贸合同差价利润损失人民币 11951000 元。

另悉，2014 年 10 月 30 日，被申请人股东全体特别会议决定解散被申请人法国 F 有限责任公司，2014 年 10 月 31 日清算工作正式开始，2014 年 12 月 29 日清算工作完毕，并向法院提出解散申请，2015 年 3 月 17 日第二次即最后一次登报公布，清算程序结束。

本案的争议焦点在于损害赔偿范围与数额的确定。

申请人认为，被申请人严重违反了双方之间的合同和任何在本案中可适用的法律，未向申请人交付货物，因此申请人严重违反合同，被申请人应对申请人由此遭受的损失承担全部责任。

被申请人认为，其根本不可能预见申请人能以大大高于市场的价格销售，获得近合同总价款一倍的高额纯利，因此不能赔偿申请人因本合同而可能获得的暴利。履约保证金有违约金性质，法国F有限责任公司在赔偿申请人的损失后，不应再负担此履约保证金，保证金和损害赔偿两者不可并存，只可选择其一。

【案例分析】

本案的主要争议涉及损害赔偿范围的确定。根据违约损害赔偿的完全赔偿原则，受损害方当事人对由于不履行而遭受的损害有权得到完全正确赔偿，此损害既包括该方当事人遭受的任何损失，也包括其被剥夺的任何收益，完全损害赔偿所要追求的目标不仅要使受害人达到合同订立以前的状态，而且要使受害方得到合同如期履行的结果。但是，损害赔偿也有一定的限制，包括可预见性原则、损害减轻原则、混合过错原则、损益相抵原则等。这体现了诚信公平和鼓励交易原则对合同当事人的平等保护。而本案中，关于损害赔偿范围的确定，主要争议在于可预见原则的适用。

本案申请人主张包括支付合同差价纯利损失、申请人应支付综合国内客户的违约赔偿金在内的损害赔偿责任。被申请人则以申请人可获得的利润为暴利，超出其订立合同时可预见的利润范围作为抗辩理由。被申请人的答辩中声称“根据申请人和被申请人签订合同时国际市场和国内市场的糖价，被申请人根本不可能预见申请人能以大大高于市场的价格销售，获利近合同总价款一倍的高额纯利”，证明其于合同签订时对国际与国内市场的糖价应当有充分了解。此外，申请人能够证明与河南省某食品公司的合同中约定的销售价格是低于市场价格的，是正常的销售，不存在不可预见的暴利情况。因此，即使被申请人不知道申请人与下家签订针对涉案合同项下标的的销售合同，也应当可以预见这个合理的利润空间。对于后一项赔偿请求，申请人在后来仲裁请求变更中给予取消。这是因为，下家合同有关违约赔偿金及当事人由于违约而支出的费用和遭受的损失是基于申请人与下家自由约定的，不能要求涉案合同违约方对之有所预见。因此，本案申请人最后主张的损害赔偿范围符合可预见性原则。另外，申请人还主张合同项下履约保证金的支付，仲裁庭之所以驳回申请人的此项请求，除了由于此项请求对应的救济措施为实际履行合同而申请人并非提出该项请求以外，还体现了损害赔偿的补偿性，通过损害赔偿的方法来弥补或填补债务人因为违约行为所造成的后果，一般不具有惩罚性。通过对前一项仲裁请求（实际履行）的支持，申请人已经得到了遭受损害的弥补，如果继续要求被申请人支付，则会使申请人从对方违约情况下利益，不符合诚实信用原则的要求。

此外，本案还涉及被申请人解散的情形，虽然这不是本案仲裁庭解决的问题，但是应该引起从事对外贸易的法人提高警觉性。在从事对外贸易时，必须对对方的资信情况进行一定的了解，对可能出现的违背诚信原则以及逃避合同责任的风险作好防备。

案例 7.3

红豆销售合同争议仲裁案

【案例介绍】

2014 年 4 月 15 日，申请人中国某公司和被申请人瑞士某公司签订了销售合同。双方约定：被申请人向申请人购买 2000 吨红豆，红豆的水分不超过 13.5%，杂物不超过 1.5%；单价为每吨 324 美元（FOB 天津港），合同总价为 648000 美元；装运期为 2014 年 5 月，装运港为天津港，目的港为瑞士主要港口，被申请人以不可撤销信用证付款；双方同意关于货物的重量和质量以中华人民共和国进出口商品检验局/公司出具的报告为索赔依据。在销售合同的履行过程中，双方当事人发生争议。申请人遂提请仲裁，请求裁决被申请人赔偿申请人的降价及货物损耗及其他损失。

在销售合同签订后，双方曾对合同单价进行协商，被申请人于 2014 年 4 月 29 日致函申请人，同意将合同单价修改为每吨 326 美元（FOB 天津港），并允许 10% 溢短装。2014 年 5 月 3 日，被申请人委托银行开出了两份以申请人为受益人的信用证，信用证的有效期至 2014 年 6 月 15 日，总金额为 652000 美元，信用证对货物品质的描述与销售合同一致，信用证关于议付单据的要求中包括 CCIB 或 CCIC 的质量和重量检验证书，信用证规定申请人必须在提单日后 15 天内向议付银行出示所有单据议付货款。2014 年 5 月 10 日，被申请人同意申请人修改信用证的要求，并通知申请人将于 2014 年 5 月 25 日左右派船接货。2014 年 5 月 12 日，USB AG 银行将上述两份信用证的有效期延长至 2014 年 6 月 20 日，将申请人交单期限修改为提单日后 20 天内。

2014 年 5 月 24 日，申请人通知被申请人，货物已经备好待运，要求被申请人在 5 月 30 前派船，并将船名告知申请人。2014 年 5 月 25 日，申请人再次致函被申请人，催促派船。被申请人没有在销售合同规定的装运期内，即 1999 年 5 月内派船接货。2014 年 6 月 3 日，被申请人致函申请人，提出货物中的异色粒和破损粒比例过大，要求日内瓦的商品检验公司 SGC 对合同项下的货物进行检验。申请人于 2014 年 6 月 4 日拒绝由 SGC 进行检验，要求被申请人尽快派船接货。被申请人单方委托 SGC 对合同项下的货物进行了检验。2014 年 6 月 11 日，被申请人将 SGC 的检验结果传真给申请人。SGC 检验报告得出的结论为：杂物的指标为 3. 54%，不符合销售合同的规定。此后，双方当事人进行了协商，但未能达成一致意见。被申请人于 2014 年 6 月 24 日致函申请人，由于货物质量问题，将不派船接货。

2014 年 6 月 28 日，申请人与 R 出口公司签订另一份销售合同，申请人以每吨 295 美元（FOB 天津港）将本案销售合同项下的 1900 吨红豆售给 R 出口公司。2014 年 7 月 7 日，R 出口公司委托银行开出了以申请人为受益人的信用证。信用证的单价与合同是一致的。2014 年 7 月 22 日，中华人民共和国天津进出口商品检验局对申请人实际交付的 1898 吨货物进行了检验，检验报告得出的结论为：杂物为 0. 7%，水分为 11. 3%。

双方在销售合同中约定的价格术语为 FOB，在 FOB 合同中，应当由买方负责租船订仓、然后将有关船名、装货地点和要求交货时间通知卖方，销售合同规定的装运期为 2014 年 5 月，因此，被申请人作为买方就负有在 2014 年 5 月派船接货的合同义务。事实上，被申请人在其 2014 年 5 月 10 日的传真中也明确表示将于 5 月 25 日左右派船接货。然而，被申请人在销售合同规定的装运期内没有履行上述合同义务，而且，在申请人给予额外的时间要求其履行合同，被申请人仍未履行。

被申请人就其违约行为提出抗辩的理由是申请人的货物质量不符合销售合同和双方的约定。双方约定货物应当适合人类食用。并且销售合同要求货物的杂物不能超过 1. 5%，而 SGC 检验报告的结论为：杂物为 3. 54%。

争议焦点：本案被申请人在申请人发货前是否有权对合同货物进行检验？

裁判意见：仲裁庭注意到，双方在销售合同中明确约定，关于货物的质量，以中国进出口商品检验局/公司出具的检验报告为索赔依据，没有证据证明双方曾约定被申请人允许在发货前对合同货物进行检验，因此，被申请人认为在申请人发货前其有权对合同货物进行检验，缺乏合同依据。

被申请人还以申请人所举证据不能证明合同货物已经中华人民共和国商品检验局检验为由，以支持其主张。仲裁庭认为，申请人所提交的证据证明，合同货物已经中华人民共和国天津进出口商品检验局检验放行，虽然被申请人认为此放行章不应盖在报关单上，而应盖在通关单上，但被申请人也不否认此类放行章是有效的。而且，双方同意的信用证条款规定，申请人向银行提交的议付单证中必须包括中华人民共和国进出口商品检验局出具的商检证，如果申请人不提交此商检证，则不仅构成违约，并且交付银行也会以单证不符为由，拒绝支付货款，使申请人无法实现收取货款的目的，如由此给被申请人造成经济损失，被申请人还可以要求赔偿。

按照国际贸易的通常做法，在FOB价格条款下，应由买方负责租船订仓，并给予买方关于船名、装货地点和所有要求交货时间的充分通知。《联合国国际货物销售合同公约》第60条规定："买方收取货物的交务如下：采取一切理应采取的行动，以期卖方能交付货物和接收货物。"具体到本案，申请人所交合同货物已按照销售合同的约定，经中国天津进出口商品检验局检验放行，被申请人即应派船接货，而不能在装船期后以SGC的检验结果作为拒绝接货的理由。

综上所述，被申请人拒绝派船接货，从而造成销售合同不能履行，构成根本违约，应承担违约责任。

【案例分析】

国际贸易合同通常对商品检验作出规定，商品检验的时间和地点主要有以下三种情形：（1）以离岸品质、重量为准。即出口国装运港的商品检验机构在货物装运前对货物品质、数量及包装进行检验，并出具检验合格证书为交货的最后依据。换言之，货物到目地港后，买方无权复验，也无权向卖方提出异议。（2）以到岸品质、重量为准。即货物的数量、品质和包装为到达目的港后目的港的商品检验机构检验，并出具检验证书为货物交货依据。（3）两次检验、两个证明、两份依据，即以装运港的检验证书作为交付货款的依据。在货物到目的港之后，允许买方公证机构对货物进行复验并出具检验证书作为货物交接的最后依据。国际贸易买卖双方协商选择商品检验的时间、地点和方式，约定的商检条款对双方均有约束力。

案例 7.4

信用证修改导致延展案

【案例介绍】

2013 年 12 月 8 日，一家中外合资经营公司（买方）和一家香港公司（卖方）在中国某地签订了一份进口夹板生产线成套设备及配套设施的合同。合同项下的货物包括一条由 69 台机器组成的成套胶合板生产、一个 7650 平方米钢架铝合金构板厂房、运输工具和办公用品各一批。合同价款总额为到岸价 4999981. 38 美元。合同规定的付款方式为：货款的 60% 即 2999988. 83 美元，由买方通过中国银行开出不可撤销的、可转让的信用证给一家香港公司，再由该香港公司开出以卖方为受益人的即期信用证；卖方合同规定的单据议付信用证项下 80% 的款项，其余 20% 的款项经安装、试产达到合同规定要求后凭买方出具的证明书议付。货款的另外 40% 即 1999992. 55 美元，由买方的香港股东以定金方式直接支付给被诉人。合同规定允许分批装运，装运期限分别是 2014 年 3 月 10 日和 2014 年 4 月 30 日。合同规定卖方应在货物运抵目的地后 150 日内完成生产线的装配、调试、试产等工作，试产产量必须达到年产 30000 立方米，质量达到国际标准。合同还规定卖方有提供技术资料和培训技术、管理人员的义务。买方于 2013 年 12 月 18 日通过中国银行开出了以卖方为受益人的 4 份不可撤销、可转让、可分割的信用证，总金额为 2550000 美元，用于购买合同项下的 69 台机器。在开证后至 2014 年 4 月 18 日这段时间里，买方根据卖方的要求多次对 4 份信用证的内容进行了修改。买方至 2014 年 6 月 29 日止共收到卖方交付的 15 台机器。卖方收取了 1145425. 60 美元的货款。货物抵达目的港后，中国的进出口商品检验部门对上述机器进行了检验。检验证书上载明：卖方交付的设备数量没有达到合同的要求，系发货时漏发所致。交付的设备是 20 世纪 60 年代出厂的并已用过多年的旧设备，且锈蚀严重，并在备注中说明其技术性能指标待安装调试后才进行检验。买方和卖方曾对上述问题进行过协商，但没有达成协议。买方于是将争议提请仲裁。

买方认为：按照合同规定，卖方应向买方交付一条年产 3 万立方米胶合板生产线的机器共69台，而被诉人仅交付15台机器，且交付的机器残旧不全，无任何技术资料。卖方的行为严重损害了买方订立合同时所期望获得的经济利益，属于根本违约。买方提出如下请求。

（1）卖方向买方退还货款1145425.60美元，并赔偿上述货款自2014年7月7日起至裁决之日止按月息1%计算的银行利息，同时将15台机器运走。

（2）卖方向买方赔偿4份信用证总金额自2013年12月18日起至2014年6月30日止的利息156820.59美元。

（3）卖方赔偿买方支付的商检费计人民币15928元。

（4）卖方向买方赔偿律师费计人民币8085.01元。

卖方提出了如下答辩理由。

（1）合同仅规定试产产量必须达到合同产量要求、质量达到国际标准，并未规定必须进口20世纪80年代先进设备和技术，因此进口设备的制造年代并不重要，关键是设备安装后产品的数量和质量能否达到合同要求。卖方交付的部分设备至今尚未装配、调试，因此产品的数量和质量能否达到合同要求现在还无法知道。此外，从买方在其2014年4月15日致中国商品检验公司的函中可以清楚地看出，申诉人在设备进口前甚至在订立合同时都清楚地知道进口的设备是二手的，而不是全新的。而中国某商品检验局出具的检验证书在程序上违反了双方在合同中的约定，且与中国商品检验有限公司出具的质量证明书相抵触，应属无效。

（2）买方申请开立的信用证中错误百出，卖方不得不要求买方进行多次修改，最后一次修改信用证的时间是2014年4月19日，这时已超出合同规定的交货日期，供应商已将卖方订购的设备自行处理。卖方经过积极努力才得以将部分设备运抵目的地。因此，由于买方开立信用证中的错误导致时间延误，设备不能全部进口的责任应由买方承担。

争议焦点：信用证修改导致装运期延展，卖方只交付部分货物是否构成违约。

裁判意见：

（1）申诉人开出4份信用证后，被诉人曾多次就信用证中的若干文字和内容，要求申诉人修改，申诉人遂作了相应的修改，2014年4月19日，被诉人认为信用证已修改完好。由于对信用证的修改花费了一些时间，双方同意将装运期和信用证有效期分别延展至2014年6月16日和2014年7月7日。其后，被诉人交付了部分货物，并分别用这4份修改后的信用证收取了部分货款。被诉人既然接受了修改后的信用证，就有义务在延展的装运期内交付全部货物。本案中被诉人没有向申诉人交付合同项下的全部货物，对此应承担责任。

被诉人提出，机器不能全部进口，是由于申诉人所开立的信用证中的错误和为修改这些错误而花费的时间，使被诉人与他的供应商发生摩擦，导致已订购机器的流失，因此，不能全部交货的责任在申诉人。仲裁庭认为，申诉人开立的信用证中存有文字和内容上的错误，根据被诉人的要求，申诉人对这些错误进行了修改。考虑到修改信用证所花费的时间，双方同意延展装运期和信用证有效期。在这种情况下，被诉人的权利并没有因修改信用证而受到影响。至于被诉人与其供应商之间的关系问题与申诉人无关，因为对作为一个普通贸易合同买方的申诉人来说，不能将他的义务延伸到照顾他的卖方是否有获取货物能力的程度。因此，仲裁庭认为被诉人提出的上述理由不能成立。

（2）本案争议的标的是一条由69台机器构成的生产线。被诉人实际上只向申诉人交付了其中的15台机器。正如被诉人在开庭时承认的那样，这15台机器远远不能组成一条完整的生产线，这样，申诉人就没有获得其根据合同应该享有的权利，因此，被诉人的行为构成了根本违约。这样，当这15台机器不能组成合同所规定的完整的生产线时，它们究竟应该是崭新的还是二手的争议就不再重要。

（3）基于上述第（1）点和第（2）点理由，仲裁庭认为，申诉人提出退货的要求是合理的，被诉人应取回这些机器、退还货款并退还这些货款在他实际收取后所产生的利息。被诉人实际收取货款大多发生在2014年7月7日前，只有一笔156024.34美元的货款是于2014年8月8日收取的。因此，在计算被诉人应向申诉人支付的货款利息时，该笔货款应于2014年8月9日起计算利息，其余货款的利息应根据申诉人的要求从2014年7月7日起开始计算，货款利息计算至2014年12月24日止。申诉人提出以月利率1%计算货款利息，仲裁庭认为应调整为按年利率8%计算。

（4）在信用证交易中，当开证申请人向开证银行申请开立信用证时，银行会要求开证申请人全部或部分缴纳保证金，缴纳的保证金在银行中一般被作为活期存款，其利息低于其他形式的存款利息。当开证申请人向银行缴纳保证金后，他将承受该笔金钱被当作保证金后产生的活期存款利息及其以其他形式出现的存款利息之间的差距。关于申诉人在其仲裁请求中提出被诉人赔偿4份信用证总金额2550000美元自2013年12月8日起至2013年6月30日止的银行贷款利息156482美元的要求，申诉人的陈述和证据表明，申诉人是一家合资公司，申诉人的一方股东将从银行申请获得的贷款投入合资公司作为其股本，因此，首先，申诉人的一方股东将要向银行支付这笔贷款的利息与申诉人本身没有直接的关系；其次，申诉人提出的贷款利息的损失远远不是仲裁庭所理解的开证申请人在缴纳保证金后有可能承受的活期存款与其他形式存款在利息上的差距，而且申诉人也没有提交证据证明，为开立这4份信用证，他曾向开证银行缴纳过这样的保证金；最后，作为一个普通贸易合同卖方的被诉人也没有义务去关心他的买方有没有能力并以何种方式去获得货款。基于上述理由，仲裁庭认为，申诉人的这一请求不予以满足。

（5）根据设备进口时的有关商检法律的规定，一切进出口商品必须经过检验。因此，申诉人为检验这15台机器必须支付检验费用。由于被诉人根本违约，仲裁庭认为申诉人要求被诉人赔偿商检费人民币15928元是合理的。

（6）申诉人要求被诉人赔偿申诉人支付的律师费人民币8085.01元，仲裁庭认为，对申诉人来说，这一费用并不是由于被诉人的违约行为在一般正常情况下直接或必然会引起的损害，因此这一要求不予以确认。

（7）本案仲裁费应由被诉人承担。

【案例分析】

这个案例中的卖方按照合同约定应当交付能够组成一条生产线的69台机器，但卖方最后只交付了15台机器，卖方的行为明显构成了根本违约，因此，仲裁庭裁决卖方退还货款，自行取走货物以及赔偿商检费。这一裁决如果全部得到执行，卖方可以说是得不偿失，而且，买方申请仲裁时没有提出赔偿预期利润损失的要求，如果买方真的提出这个要求，相信仲裁庭也会满足买方要求。这样一来，卖方就会损失更多。事实上，在这个案例中，卖方有多次机会从交易中脱身，并且可以反过来要求买方赔偿损失，只是因为想得到15台机器的价款，卖方才丧失了这些机会。

按照合同的约定，买方应当开出符合合同要求的信用证，这是卖方履行交货义务的前提条件。合同约定的第1批货物的装运期为2014年3月10日前，假定卖方需要 1 个月的时间预订仓位、准备交货，那么买方应在 2014 年 2 月前开出符合合同要求的信用证。事实上，买方于 2013 年 12 月 18 日开出了信用证，这时距合同约定的装运期还有两个多月时间，卖方有足够的时间去预订仓位、做好装船准备。但买方开出的信用证中有多处错误，在这种情况下，买方还可以对信用证进行修改和补救，只要卖方收到修改后的信用证后仍有足够时间履行交货义务即可。在实际运作中，卖方提出了修改信用证的要求，买方也按卖方的要求修改了信用证。如果这时买方修改后的信用证符合合同要求，卖方就必须履行交货义务，这是不言而喻的。问题是，买方修改的信用证仍不符合要求，卖方又要求买方再次修改信用证，这样来回重复，多次修改信用证，直到 2014 年 4 月 18 日为止才算是使信用证符合卖方的要求。但这时已超过了合同约定的装期，因此在信用证中对装运期也作了相应的修改。在这段时间里，从 2014 年 2 月 9 日开始，卖方有多次机会以买方开出的信用证与合同不符为由宣布解除合同，要求买方赔偿损失。但卖方为了促成这笔生意，仍不断要求买方继续修改信用证，并且接受了买方最后一次修改的信用证。这样，卖方不仅丧失了解除合同、要求买方赔偿损失的权利，而且必须履行支付全部货物的义务。卖方最后未能交付全部货物，当然就不能以买方修改信用证的错误而导致装运期延迟的理由而免除责任。从上述过程可以看出，如果买卖双方在交易过程中均能依约履行各自的义务，那么就可以避免争议的发生；如果一方未能完全履行合同的义务，另一方应采取合理的补救措施；如果另一方选择的补救措施是要求对方继续履行合同，而对方在宽限期内履行了合同，那么另一方除了有权要求赔偿损失外，必须履行合同约定的义务，否则，对方可以根据其违约程序采取合理的补救措施，这时，另一方也就不能以对方曾经违约的理由来对抗他方。由此可以看出，买卖双方在交易过程中对违约问题的处理须持慎重态度，如果一方对另一方的违约行为处理不当，就很有可能使自己反过来承担相应的责任。本案例中的卖方即是如此。

第三节 思政元素

处理国际贸易纠纷时，需要具备法治思维，即以法治价值和法治精神为导向，运用法律原则、法律规则、法律方法思考和处理问题的思维模式。法治思维包括以下四个方面的内容：第一，法治思维以法治价值和法治精神为指导，蕴含着公正、平等、民主、人权等法治理念，是一种正当性思维；第二，法治思维以法律原则和法律规则为依据指导人们的社会行为，是一种规范性思维；第三，法治思维是以法律为手段、以法律方法为依托分析问题、处理问题、解决纠纷，是一种可靠的逻辑思维；第四，法治思维是一种符合规律、尊重事实的科学思维。因此，法治思维是一种集法律的价值属性和工具理性于一体的特殊高级法律意识。

法治思维以事实为根据，以法律为准绳，以一般性、普遍性的平等对待方式调节社会关系，解决矛盾纠纷，坚持法律面前人人平等，具有稳定性和一贯性，是一种“多数人之治”的思维。总体来说，法治思维包含法律至上、权力制约、公平正义、人权保障、正当程序等内容。

如本章案例 7.1，因海上货物运输合同无单放货引起纠纷，裁决依据是我国《海商法》第七十一条“确定了承运人凭单放货的合同义务，即承运人签发提单后，承运人就应该按照提单的记载，将货物交付给正确的承运人，同时收回正本提单”。这体现了法治思维中“以法律原则和法律规则为依据指导人们的社会行为”的原则，同时又尊重客观事实，保证当事人的利益。

案例 7.2 ~7.4 均涉及损害赔偿原则、赔偿的依据及维护合同当事人的权利。判决的结果体现了“公正、平等、权利保障”原则，赔偿是在尊重客观事实的基础上，维护当事人的利益。法律保障是解决个人之间权利纠纷的有效渠道。因而签订合同时，需要了解相关法律；在执行合同时，要尊重事实，以法律为依据，确保双方利益。

第八章

Chapter 8

进出口商品检验

第一节 章前导读

一、教学目标

1. 知识目标

掌握国家对外贸易的各种法律、法规及管制制度，对外贸易管制下进出口货物报检规范要求及海关对商品报检活动和报检活动相关人员的管理制度。

2. 能力目标

具有办理报检现场作业及对进出口货物进行申报、配合海关检验检疫与查验、缴税的能力，能完成相关岗位的实际工作任务，达到报关人员国家职业资格标准的相关要求。

3. 价值目标

养成勤于思考、做事严谨的良好习惯，勇于创新、爱岗敬业，团结协作、诚实守信。锻炼语言表达、文字沟通及综合分析能力。培养良好的职业操守。

二、教学内容

进出口商品检验是从事外贸岗位工作及报关、国际货运服务等工作的必修课程，是实践性、操作性比较强的工作。本章内容主要学习出入境检验检疫报检基本理论、法律、法规及操作流程，重视报检实操过程中应该注意的问题；掌握进境植物繁殖材料检疫、进境动植物检疫、进口汽车检验、进境货物木质包装检疫、进口旧机电产品检验等不同产品检验的要求。运用所学的理论与实务知识研究相关案例，培养和提高在特定业务情境中分析问题与决策设计的能力；通过实践操作，提高主动性，在增强专业素质的同时培养团队协作精神，综合运用报检知识开展工作，为从事国际贸易、报关、报检等工作和进一步科学研究奠定基础。

第二节 案例分析

案例 8.1

出口商品未报经检验私自出口

【案例介绍】

2006 年 10 月 19 日，中国 A 公司向海关申报出口的手套、帽子等货物中夹藏有 50 余箱 1200 件 12000 只蝴蝶和其他昆虫标本，未经报检私自出口。

执法人员得知情况后，马上来到现场发现：A 公司向海关申报出口的手套、帽子等货物属非法检商品，因而 A 公司未报检；但蝴蝶和其他昆虫标本属动植物产品类，应先报检后报关，而今不但不报检，还将其夹藏在非法检商品中想蒙混过关。海关发现后马上与检验检疫部门取得联系，并及时提取了样品，由检验检疫部门检验，经化验有关项目进一步确认，该批夹藏物就是蝴蝶和其他昆虫标本，应报经检验检疫合格后才能出口。因而A公司有逃检行为。

【案例分析】

本案例中，“检验检疫”，即出入境检验检疫制度。出入境检验检疫制度是指由海关依据中国有关法律和行政法规及中国政府所缔结或者参加的国际条约、协定，对出入境货物、物品及其包装物、交通运输工具、运输设备和出入境人员实施检验检疫、监督管理的法律依据和行政手段的具体体现的总和。根据《中华人民共和国进出口商品检验法》（以下简称《商检法》）及《中华人民共和国进出口商品检验法实施条例》有关规定，海关对必须实施检验的进出口商品目录（以下简称“法检目录”）内商品实施法定检验，对目录外的进出口商品实施抽查检验。抽查检验的重点是涉及安全、卫生、环保，国内外消费者投诉较多，退货数量较大，发生过较大质量事故以及国内外有新的特殊技术要求的进出口商品。如出口机床、灯具、玩具、服装、文具、服饰等商品均属法检目录外商品。

A公司借出口手套、帽子等货物出口为由私自夹带未报检产品，按照要求A公司的行为违反了《中华人民共和国进出境动植物检疫法》第三章第二十条“货主或者其代理人在动植物、动植物产品和其他检疫物出境前，向口岸动植物检疫机关报检”，依据《中华人民共和国进出境动植物检疫法实施条例》第九章第五十九条“有下列违法行为之一的，由口岸动植物检疫机关处5000元以下的罚款：（一）未报检或者未依法办理检疫审批手续或者未按检疫审批的规定执行的”的规定，执法人员对A公司实施了相应的行政处罚。

该案例中涉及出入境检验检疫管理方法。

（1）涉及法定检验检疫要求的进口商品申报时，企业可以通过“单一窗口”（包括通过“互联网+海关”接入“单一窗口”）报关报检合一界面向海关一次申报。如需使用“单一窗口”单独报关、报检界面或者报关报检企业客户端申报的，企业应当在报关单随附单证栏中填写报检电子回执上的检验检疫编号，并填写代码“A”。

（2）涉及法定检验检疫要求的出口商品申报时，应当填写报检电子回执上的企业报检电子底账数据号，并填写代码“B”。

（3）对于特殊情况按以下方式处理：①对入境动植物及其产品，在运输途中需提供运递证明的，出具纸质“入境货物调离通知单”。②对出口集中申报等特殊货物，或者因计算机、系统等故障问题，根据需要出具纸质“出境货物检验检疫工作联系单”。③海关统一发送一次放行指令，海关监管作业场所经营单位凭海关放行指令为企业办理货物提离手续。

案例 8.2

伪造出口产品报检单

【案例介绍】

苏州海关对苏州 P 公司代理安徽 W 公司出口报检输往美国的 100% 丝制女式衬衫（共 4416 件，货值 17222 美元）进行检验。在检验时发现该批衬衫的外观、手感等没有真丝产品的质地，而报检单证的品名、HS 编码、唛头均表明为 100% 真丝衬衫。检验人员当场用纺织品燃烧辨别法进行检验，发现该批衬衫面料不是真丝而是化纤的，为了进一步确认其纤维含量，马上封样送实验室检测，结果表明为 100% 化纤面料。苏州海关作出不准该批衬衫出口的决定。苏州海关对案情进行立案调查，发现该批衬衫的所有报检资料是由安徽 W 公司提供，面料和标签也是 W 公司自行采购送到苏州 P 公司加工生产的。P 公司在加工生产和报检过程中，一是没有核对标签上的成分与衬衫质地是否相符，二是盲目听从 W 公司的指挥，具有以假充真、伪造报检单证骗取检验检疫证单的行为。

【案例分析】

本案例中，苏州海关对 P 公司报检的真丝产品检验发现问题，立案调查发现该批衬衫的所有报检资料为安徽 W 公司提供，面料和标签也由 W 公司自行采购再送到苏州 P 公司加工生产。P 公司在加工生产和报检过程中，没有核对标签上的成分与衬衫质地，导致以假充真、伪造报检单证骗取检验检疫证单的行为。

依据《商检法》第三十三条“进口或者出口属于掺杂掺假、以假充真、以次充好的商品或者以不合格进出口商品冒充合格进出口商品的，由商检机构责令停止进口或者出口，没收违法所得，并处货值金额百分之五十以上三倍以下的罚款；构成犯罪的，依法追究刑事责任”以及《中华人民共和国进出口商品检验法实施条例》第四十五条“代理报检企业、出入境快件运营企业、报检人员对委托人所提供情况的真实性未进行合理审查或者因工作疏忽，导致骗取出入境检验检疫机构有关证单的结果的，由出入境检验检疫机构对代理报检企业、出入境快件运营企业处2万元以上20万元以下罚款”的规定，苏州海关依据上述法律依法作出对P公司罚款3万元人民币的行政处罚并送达行政处罚决定书，对安徽W公司通过相关渠道进一步调查。P公司认识到自己的行为触犯了《商检法》及其实施条例的规定，接受了处罚决定并上缴了罚款。

本案反映出一些进出口经营企业和代理报检企业对法律法规认识的匮乏，引发我们对不如实申报骗取检验检疫证单产生原因的深入思考：一是进出口企业为了利用出口配额，有意以假充真，以次充好；二是生产加工企业处于弱势贸易地位，在代理报检时受国外客户或外贸公司所左右；三是生产加工企业对采购的原辅材料缺乏必要的检测手段，对原辅材料的质地不能正确识别；四是服装企业员工外语水平偏低，不知道服装标识的内容，无法进行正确识别。

案例8.3

出口易燃易爆物报检

【案例介绍】

北仑海关查获一起烟花爆竹违规出口案件，查获烟花爆竹重22.4吨，约6.4万件。烟花爆竹是易燃易爆货物，即使在非高温环境中，摩擦碰撞也极易自燃引爆，危险性极大。企业要出口烟花爆竹，首先必须具备相应出口资质，企业申报时填写报检电子底账数据相关编号，集装箱必须四面标贴相应的国际危险货物标识，存放地应该标示出安全警戒区或存放在专门的危险品堆场，应由专人看守，货物装船应该严格按照配载图装运并且途中适时采取冷水降温等。为了规避这些安全监管措施和运输费、保险费等，一些不法企业便将烟花爆竹伪报成普通货物，企图闯关出口。这批烟花爆竹共有5种：3种礼花和2种礼花弹。长的礼花约有90厘米，有手臂那么粗；礼花弹大的像椰子，掂着很重，小的都有橙子那么大。最终清点数量为64368件，重22.4吨，几乎装满整个集装箱。目前，这些烟花爆竹已经移交给北仑海关缉私部门作进一步处理。

【案例分析】

本案例中，出口烟花爆竹属于易燃易爆货物，根据《出口烟花爆竹检验管理办法》第三条“出口烟花爆竹的检验和监督管理工作采取产地检验与口岸查验相结合的原则”，第六条“出口烟花爆竹的生产企业在申请出口烟花爆竹的检验时，应当向海关提交《出口烟花爆竹生产企业声明》”，第十条“凡经检验合格的出口烟花爆竹，由海关在其运输包装明显部位加贴验讫标志”，第十一条“各口岸与内地海关应当密切配合、共同把关，加强出口烟花爆竹检验管理和质量情况等信息交流”，烟花爆竹、打火机、点火枪等易燃易爆危险品列为重点监控货物，严把危险品出口关，加强对易燃易爆品违规出口手法的风险分析，加大风险布控查验力度，确保港口作业及货物运输安全。案例中不法企业便将烟花爆竹伪报成普通货物，企图闯关出口，严重违反了《商检法》和《出口烟花爆竹检验管理办法》。根据《中华人民共和国进出口商品检验法实施条例》第四十五条：“进出口商品的收货人、发货人、代理报检企业或者出入境快件运营企业、报检人员不如实提供进出口商品的真实情况，取得出入境检验检疫机构的有关证单，或者对法定检验的进出口商品不予报检，逃避进出口商品检验的，由出入境检验检疫机构没收违法所得，并处商品货值金额5%以上20%以下罚款。进出口商品的收货人或者发货人委托代理报检企业、出入境快件运营企业办理报检手续，未按照规定向代理报检企业、出入境快件运营企业提供所委托报检事项的真实情况，取得出入境检验检疫机构的有关证单的，对委托人依照前款规定予以处罚。”

本案例中，出口烟花爆竹等产品时，需要提供《出口烟花爆竹生产企业登记细则》《出口烟花爆竹生产企业代码标记编写规定》《出口烟花爆竹生产企业声明》三份材料。

案例 8.4

进口商品未完成检验私自使用

【案例介绍】

2022 年 10 月 9 日，B 公司报检了一批从日本进口的调味品，数量为 100 箱，重量为 900 千克，货值 1800 美元。10 月 17 日取样检验。在 10 月 25 日日常监管时发现该批货物在未经检验完毕的情况下已被使用了 11 箱。

【案例分析】

本案例中，B 公司进口调味品未经检验擅自使用存在原因：一是 B 公司存在逃检行为；二是 B 公司存在麻痹大意行为，未对该产品的质量问题引起足够的重视。B 公司的行为违反了《中华人民共和国进出口商品检验法实施条例》第十六条"法定检验的进口商品的收货人应当持合同、发票、装箱单、提单等必要的凭证和相关批准文件，向报关地的出入境检验检疫机构报检；通关放行后 20 日内，收货人应当依照本条例第十八条的规定，向出入境检验检疫机构申请检验。法定检验的进口商品未经检验的，不准销售，不准使用"。根据《中华人民共和国进出口商品检验法实施条例》第四十五条"进出口商品的收货人、发货人、代理报检企业或者出入境快件运营企业、报检人员不如实提供进出口商品的真实情况，取得出入境检验检疫机构的有关证单，或者对法定检验的进出口商品不予报检，逃避进出口商品检验的，由出入境检验检疫机构没收违法所得，并处商品货值金额 5% 以上 20% 以下罚款"，执法人员对公司实施相应的行政处罚。

本案例中，B 公司产品在未经检验完毕的情况下已被使用，涉及产品检验检疫流程。出入境检验检疫的一般工作流程如下。

1. 报检

报检范围主要包括：①国家法律、法规规定必须由海关检验检疫的；②输入国家或地区规定必须凭检验检疫证书方准入境的；③有关国际条约规定须经检验检疫的；④申请签发普惠制原产地证或一般原产地证的；⑤对外贸易关系人申请的鉴定业务和委托检验；⑥对外贸易合同、信用证规定由检验检疫机构或官方机构出具证书的；⑦未列入《出入境检验检疫机构实施检验检疫的进出境商品目录》的入境货物，经收、发货单位验收发现质量不合格或残损、短缺，需向商检机构出证索赔的；⑧涉及出入境检验检疫内容的司法和行政机关委托的鉴定业务。

不同种类的货物，报检的具体要求不同。一般的报检手续主要有：填写检验检疫申请；提供相应的单证。

2. 抽样/制样

海关根据有关工作规范、企业信用类别、产品风险等级，判别是否需要实施现场检验及是否需要对产品实施抽样检测。

（1）抽样。凡需检验检疫并出具结果的出入境货物，一般需检验检疫人员到现场抽取样品。

（2）制样。凡所抽取样品需经过加工方能进行检验的称为制样（样品制备）。

3. 检验检疫

对出入境应检对象，检验检疫人员通过感官的、物理的、化学的、微生物的方法进行检验检疫，以判定所检对象的各项指标是否符合合同及买方所在国（地区）官方机构的有关规定。

4. 卫生除害处理（检疫处理）

按照《国境卫生检疫法》及其实施细则、《进出境动植物检疫法》及其实施条例和《食品卫生法》的有关规定检疫。

卫生除害处理的方法包括物理方法和化学方法。

5. 签证

检疫合格的，或在海关监督下进行技术处理，经重新检验合格的，由海关签发“检验证书”或“出/入境货物检验检疫证明”，准予销售使用或提离。

任何企业应按照海关进出口商品检验方法和实施条例完成产品检验。

案例 8.5

进口旧机电报检材料造假

【案例介绍】

2022 年 12 月大连 A 公司从国外进口了 1000 台旧复印机，货值 24000 美元。货物到港前向某主管海关提交了进口旧机电产品备案申请和相关备案资料，同时提供了该产品强制性产品认证证明。该主管海关经审查后予以备案，签发了“进口旧机电产品免装运前预检验证明书”，货到后，A 公司持此证书和备案手续向入境口岸主管海关报检，查看了电子底账，将该批旧复印机提至 A 公司仓库。检验人员实施检验时发现实际货物规格、型号与备案申请、强制性产品认证证明不符，经查该批复印机没有获得强制性产品认证。

【案例分析】

本案例中，A 公司从国外进口旧复印机属于入境货物报检，入境货物报检时，需要提供的基本单据和文件有入境货物检验检疫申请、外贸合同、发票、提（运）单、装箱单等有关单证。特殊情况下还应提交相应的单据和文件。入境货物检疫放行的具体要求：检验检疫所需的合同、发票、提单等单据齐全；申请放行的商品的品名、规格、数/重量、唛头等与所附单据相符。旧复印机入库后，检验人员发现货不对号，A 公司行为有 3 处违法：（1）未在签订对外贸易合同前办理备案手续，隐瞒货物发运的事实；（2）提供虚假材料，骗取检验备案手续；（3）擅自进口未经强制性产品认证的复印机。

因此，海关应追究 A 公司以下法律责任：（1）依据《中华人民共和国进出口商品检验法实施条例》第四十九条规定，进口可用作原料的固体废物，国外供货商、国内收货人未取得注册登记，或者未进行装运前检验的，按照国家有关规定责令退货；情节严重的，由出入境检验检疫机构并处 10 万元以上 100 万元以下罚款。（2）依据《中华人民共和国进出口商品检验法实施条例》第四十五条规定，进出口商品的收货人、发货人、代理报检企业或者出入境快件运营企业、报检人员不如实提供进出口商品的真实情况，取得出入境海关的有关证单，或者对法定检验的进出口商品不予报检，逃避进出口商品检验的，由出入境海关没收违法所得，并处商品货值金额 5% 以上 20% 以下罚款。（3）依据《中华人民共和国认证认可条例》第六十六条规定，列入目录的产品未经认证，擅自出厂、销售、进口或者在其他经营活动中使用的，责令限期改正，处 5 万元以上 20 万元以下的罚款；未经认证的违法产品货值金额不足 1 万元的，处货值金额 2 倍以下的罚款；有违法所得的，没收违法所得。

案例 8.6

来源不明的植物

【案例介绍】

广州海关所属广州邮局海关在一件自日本寄往广东广州的进境邮包中，截获一批活体“多肉”植物，经专业部门鉴定，确定其中部分植物为濒危的仙人掌孔雀花属植物。当天，现场关员在监管进境邮件时，发现一件由日本寄递进境、申报品名为“自用品、杂货”的邮件存在异常。这件邮件的申报品名十分模糊，引起了查验关员注意。进一步过机查验时，关员发现邮件图像疑似为植物。关员进一步开箱查验发现，此邮件中的活体植物疑似濒危植物。经专业部门鉴定确认共有9株植物为仙人掌孔雀花属，属于《濒危野生动植物物种国际贸易公约》（CITES）附录I中列明物种。

【案例分析】

本案例中，个人从国外邮寄的植物来源不明，并且未经相关部门检疫认证，它所附着的水和土壤有可能携带有害微生物，如果传入国内将对动植物安全产生危害。入境植物及其产品进口应符合以下条件：（1）入境植物不得带有国家禁止入境的植物危险性病、虫、杂草。（2）入境植物不得带有有关协定、贸易合同中规定的应检病、虫，这些多属于中国尚未发现或分布并不广泛的病虫。（3）引进种子、种苗或其他繁殖材料，经营者须事先提出引种计划，到有关主管部门办理审批手续。（4）必须附有输出国（地区）官方植物检疫部门出具的“植物检疫证书”和产地证。（5）不得带有天然土壤。

海关对入境植物及其产品检疫审批采取的是前审后批的方式：（1）检疫审批。需要办理特许检疫审批的植物是指列入《中华人民共和国进境植物检疫禁止进境物名录》的植物。（2）检疫审批手续办理。检疫审批手续应当在贸易合同或者协议签订前办妥，并取得“进境动植物检疫许可证”。中国海关检疫部门对入境植物及其产品提出的检疫要求须在贸易合同或协议中订明。

入境植物及其产品的经营者应在货物入境前或入境时报检；输入种子、种苗及其他繁殖材料的，经营者应在入境前报检。入境植物及其产品检疫包括产地检疫、现场检疫、实验室检疫、隔离检疫。

案例 8.7

快件虚假申报

【案例介绍】

2022年8月25日，上海浦东国际机场海关在一批进境快件中查获300只活体蚂蚁。该票快件申报为“乐高玩具”，经现场关员开箱查验，发现实际货物为一批EP（环氧树脂）管，管内有湿润的棉花，管口都留有通气孔，每只管内分别装有

1只活体蚂蚁，共计300只。经鉴定，该批蚂蚁为欧洲南部野蛮收获蚁。目前，已移交相关部门进行后续处置。野蛮收获蚁主要分布于摩洛哥、法国等一些欧洲南部国家，在中国无野生种分布，有食用和收藏植物种子的习性，繁殖能力强。近年来，部分国内玩家将野蛮收获蚁当作宠物饲养。

【案例分析】

本案例中，进境快件申报人将“活体蚂蚁”申报为“乐高玩具”，此做法违反两条规定：其一，根据《中华人民共和国禁止携带、寄递进境的动植物及其产品和其他检疫物名录》（以下简称《名录》）规定，除了符合要求的宠物犬、猫外，活动物（包括所有的哺乳动物、鸟类、鱼类、甲壳类、两栖类、爬行类、昆虫类和其他无脊椎动物，动物遗传物质）禁止携带、寄递进境。《名录》中的物品看似无害，却可能携带动植物疫病或外来物种，危害农林牧渔业生产和生态环境，威胁我国生物安全。携带、寄递禁止进境的动植物及其产品和其他检疫物是违法行为。其二，违反《中华人民共和国海关行政处罚实施条例》（以下简称《海关行政处罚实施条例》），如果能查证是故意的，依据《海关行政处罚实施条例》第七条，违反海关法及其他有关法律、行政法规，逃避海关监管，偷逃应纳税款、逃避国家有关进出境的禁止性或者限制性管理，有下列情形之一的，是走私行为：经过设立海关的地点，以藏匿、伪装、瞒报、伪报或者其他方式逃避海关监管，运输、携带、邮寄国家禁止或者限制进出境的货物、物品或者依法应当缴纳税款的货物、物品进出境的。

根据《海关行政处罚实施条例》第九条，有本实施条例第七条、第八条所列行为之一的，依照下列规定处罚。

（1）走私国家禁止进出口的货物的，没收走私货物及违法所得，可以并处100万元以下罚款；走私国家禁止进出境的物品的，没收走私物品及违法所得，可以并处10万元以下罚款；

（2）应当提交许可证件而未提交但未偷逃税款，走私国家限制进出境的货物、物品的，没收走私货物、物品及违法所得，可以并处走私货物、物品等值以下罚款；

（3）偷逃应纳税款但未逃避许可证件管理，走私依法应当缴纳税款的货物、物品的，没收走私货物、物品及违法所得，可以并处偷逃应纳税款3倍以下罚款。

第三节 思政元素

一、企业诚信守法、承担社会责任的必要性

诚者，天之道也；思诚者，人之道也。人无信不立，企业和企业家更是如此。社会主义市场经济是信用经济、法治经济，企业家要同方方面面打交道，调动人、财、物等各种资源，没有诚信寸步难行。由于种种原因，一些企业在经营活动中还存在不少不讲诚信甚至违规违法的现象。法治意识、契约精神、守约观念是现代经济活动的重要意识规范，也是信用经济、法治经济的重要要求。企业家要做诚信守法的表率，带动全社会道德素质和文明程度提升。进出口企业在商品报检时私藏其他产品不报、申报材料造假、伪造产品报检单等行为均是不诚信的表现。在现代经济中，诚信是市场经济的基本原则，是任何一个企业发展的基石。从企业自身的战略出发，诚信才是企业的生存之道、立身之本。一些百年老字号在市场竞争中得以保留并持续发展，是因为他们做到了以诚信为本，从而赢得了消费者的认同。对于企业而言，诚信就是一块金字招牌，是企业赖以生存的基础和生命线。只有实现诚信基础上的客户认同感，企业才能长期受益。

同时，企业既有经济责任、法律责任，也有社会责任、道德责任。社会是企业家施展才华的舞台，只有真诚回报社会、切实履行社会责任的企业家，才能真正得到社会认可，才是符合时代要求的企业家。企业质量和生命力是一个经济体竞争力的微观基础，企业家才能及企业家精神是影响企业成长的重要因素。勇于承担社会责任，是企业家精神的重要内容。对于进出口外贸企业而言，自觉按照《商检法》及其实施条例要求进行商品进出境报检才是履行社会责任的正确选择，只有每个进出口企业履行好自己的社会责任，诚信经营，才能维护好社会的正常秩序。企业家自身要充分认识承担社会责任对建立友善外部环境、树立良好品牌声誉的意义，才能赢得消费者信任。近年来，越来越多企业家在创造就业机会、促进地方经济发展的同时，积极投身公益事业。新冠疫情防控期间，广大企业家

积极作为、主动担当，在物资捐赠、防疫物资供应、复工复产、稳定就业等方面作出了贡献，充分体现了责任感和使命感。企业家们在经济发展、环境保护、诚信经营、社区服务、创造就业、员工成长、公益慈善等方面勇担公共责任，有力推动了中国经济社会健康可持续发展。

二、发扬吃苦耐劳精神，保持踏实肯干的工作作风

2018 年 5 月 2 日，习近平在北京大学师生座谈会上指出：“每一项事业，不论大小，都是靠脚踏实地、一点一滴干出来的。”“道虽迩，不行不至；事虽小，不为不成。”做人做事，最怕的就是只说不做，眼高手低。不论学习还是工作，都要面向实际、深入实践，实践出真知；都要严谨务实，一分耕耘一分收获，苦干实干。2021 年 2 月，习近平总书记在党史学习教育动员大会上强调，要“进一步发扬革命精神，始终保持艰苦奋斗的昂扬精神”。艰苦奋斗，通俗地讲就是能吃苦、肯实干，保持艰苦奋斗作风，可以理解为保持吃苦耐劳精神。困难时期提倡吃苦耐劳，新形势下更要保持吃苦耐劳精神。

战争年代，吃苦耐劳精神主要表现为冲锋陷阵，勇敢杀敌；社会主义建设时期，主要表现为艰苦朴素，勤俭节约；改革开放时期，主要表现为脚踏实地，埋头苦干；进入中国特色社会主义新时代，更多体现在艰苦奋斗、勤俭节约的生活作风上，求真务实、脚踏实地的实干精神上，舍身忘我、默默无闻的奉献态度上，顽强不屈、攻坚克难的斗争精神上。在案例 8.2 中，P 公司收到 W 公司材料没有核对标签上的成分与衬衫质地是否相符，盲目听从 W 公司的指挥，P 公司员工没有踏实对待自己的工作任务，缺乏求真务实的工作作风，致使公司受罚。当今世界正处于大发展大变革大调整时期，加上新冠疫情的影响，世界经济复苏任重道远。面对错综复杂的国际形势，作为企业或社会中的一员，要不忘初心、牢记使命，不断强化艰苦奋斗的意识，发扬艰苦奋斗的作风，知难而进、不畏艰险、顽强拼搏、埋头苦干，从而从容应对当下的各类挑战。不能把理想信念只当口号喊，而要把理想信念时时处处体现为行动的力量，树立起让人看得见、感受得到的理想信念标杆。

第九章

Chapter 9

国际商务谈判

第一节 章前导读

一、教学目标

1. 知识目标

理解国际商务谈判的目的，从案例中提炼出国际商务谈判原则和策略，加深对国际商务谈判过程的理解。

2. 能力目标

理解国际商务谈判的复杂性，具备准备国际商务谈判的实践能力，掌握在国际商务谈判的各个程序实施策略的能力，最终接近或达成目标。

3. 价值目标

建立正确的价值观，认识到国家利益凌驾于一切，成为具备公民意识、高道德标准的出色谈判者。

二、教学内容

国际商务谈判是国际贸易重要的商业事务之一，不同国家或地区的不同主体之间因为利益分歧进行协商，目的是最终达成交易合作。谈判者的性格、谈判作风、经验，以及政治环境、经济环境、法律环境、社会文化背景等差异都会增加谈判过程的复杂性。谈判者必须掌握谈判的过程步骤，并在不同过程中实施对应的策略。

第二节 案例分析

案例 9.1

中国铁矿石进口价格谈判案

【案例介绍】

中国作为世界基建大国，拥有全世界数量最多的高速公路、高速铁路和集装箱码头等大型基础设施。基建工程对钢铁需求巨大，然而中国的铁矿石资源远远无法满足市场需求，开采成本居高不下，因此主要依靠进口资源。根据中国钢铁工业协会（中钢协）2020 年数据，中国是全球最大的铁矿石消费国和进口国，也是世界最大的钢铁原材料铁矿石消耗国，2020 年全球铁矿石进口量为 16. 2 亿吨，其中中国的铁矿石进口总量高达 11. 7 亿吨，超过六成来自澳大利亚。澳大利亚和巴西是全球主要的优质矿源储量国，近年铁矿石出口量占全球总量近八成，中国是这两个国家的最大购买方，总发运量分别是 75%（澳大利亚）和 67%（巴西）。

全球三大铁矿生产商分别是必和必拓（澳大利亚）、力拓（澳大利亚）和淡水河谷（巴西），对全球钢铁行业原材料供应影响深远。三大矿商关系密切，背后大股东均为美国和英国投资者。澳大利亚矿业凭借资源、技术、资金的优势拥有绝对的国际话语权，长期在年度铁矿石价格谈判操控影响定价。

国际铁矿石贸易通常采用约定年度采购量的长期协议机制，又称长协价。从1981年开始，铁矿石供应商和全球各钢铁企业进行谈判达成当年的铁矿石价格，双方基于该价格执行财政年度的交易。中国商务部从2003年开始参与国际年度铁矿石价格谈判，中国基建热潮的兴起令钢铁需求量陡增，作为原材料的铁矿石国际价格也逐年攀升。

1. 胡某等商业间谍案

2009年1月，商务部首次授权中钢协全权代表中国钢铁企业进行年度铁矿石价格谈判，希望通过行业的集中力量提升中方作为铁矿石采购商的国际议价能力。当年全球经济体在金融危机严重冲击下萎缩，铁矿石出现供过于求现象，中钢协和日本新日铁公司、韩国浦项钢铁厂联合要求三大国际矿商降价40%～45%。以澳大利亚A企业为首的三大矿商巨头仅接受降价20%。数月后，日本和韩国的钢铁企业背弃和中国共同进退的约定，私自和A企业达成了33%降价的协议。中钢协拒绝接受这一降价幅度，几个回合后谈判戛然终止。当时国内市场钢材量需求极大，一些中小钢铁厂急于生产抓住市场红利，纷纷私自和国际矿商在降价33%的基础上达成交易协议。尽管中钢协否认这些协议的合法性，不少国内钢铁企业已经对三大矿商妥协，按照对方坚持的降价幅度达成当年的铁矿石结算价。

2009年7月，上海国家安全局刑事拘留了A企业上海分公司首席代表澳大利业籍华人胡某等四名员工，罪名是涉嫌“侵犯商业秘密罪”和“非国家工作人员受贿罪”。2010年3月，上海市第一中级人民法院判决以上罪名成立，涉案四人分别判处有期徒刑7年到14年，是当年震惊全球钢铁行业的商业间谍案。

中钢协谈判中，尽管A企业人员名单并没有出现胡某的名字，但他是A企业在谈判中的核心人物。胡某多年前离开中国赴海外求学工作，摇身一变成为外籍华人。2003年胡某在上海成立业务调研组，亲自带领团队考察中国钢铁行业，走访国内钢铁企业和贸易商。胡某深谙人情世故，善于钻营取巧、圆滑老到。除了大型国企钢厂，胡某还亲自拜访三四线城市的中小型钢铁企业，甚至到车间和工人交流，平易近人的举止令人印象深刻。众多业内人士均认为胡某亲和力强、善于聆听、友善豪爽。胡某苦心经营的真正目的，除了为A企业争取大型钢铁厂作为长期客户之外，也企图拉拢没有进口资质的中小厂商私下达成铁矿石供应商合同协议，以索取个人的巨额好处费。

在胡某的苦心经营下，不少钢铁企业老总认定胡某为人可靠有魄力，放下防备和他结交朋友、称兄道弟，欣然应邀出入娱乐餐饮场所，为胡某创造了套取商业情报的机会。在觥筹交错中，不少老板和高管侃侃而谈，评价行业内现状和政策形势，同时还被胡某和其同伙套出了大量企业经营情报，甚至具体到进口矿材的平均成本、库存周转天数、毛利和消耗量等高度机密数据。这些信息被获取后，由胡某的团队进行汇总梳理，再报告到 A 企业海外总部。有了胡某团队的通风报信，A 企业对于中国钢铁企业经营现况了如指掌，在和中方谈判的时候对中方的底价胸有成竹，议价态度强硬毫不让步。中方钢厂出现库存告急的情况，往往“巧合地”被 A 企业突然单方面通知提价，而且报价通常毫无商量余地，生产运营形势变得更严峻和被动。这些被揭底牌的举动，令中方企业在价格谈判处于下风。中方企业面对不断增长的订单要求，生产计划时间紧迫，不容采购计划拖延，无论继续拉锯谈判价格或者另觅合作伙伴都需要大量的时间，只能被迫支付远超预算计划的购买价。

胡某为了拉拢中国国企大型钢厂成为长期客户，献计于这些企业的采购岗高管，示意他们进口采购高于钢厂原定计划生产目标数量的铁矿石。超额的铁矿石通过胡某穿针引线，高价卖给没有进口资格的民营中小型钢厂。这种倒买倒卖的行为让胡某和某些国营钢厂高管赚取了丰厚的不法收入，双方更加沆瀣一气。胡某还锁定了一批作为中钢协谈判代表的国内钢铁企业负责人，极个别谈判人员被行贿、送礼、利益输送等手段腐化拉拢，各大钢铁企业的机密信息在谈判前被泄露，令中方在和 A 企业谈判博弈过程中频频失利。

A 企业以胡某等员工为首的行为给中国钢铁业带来了巨大损失。数据显示，从 2004 年到 2009 年，中方的铁矿石进口价呈现了疯涨的势头，在 2005 年涨幅达到了 71.5%；在金融危机重创全球经济的 2008 年，铁矿石进口价竟然在行业低迷时期反常暴涨近一倍。在胡某东窗事发之前长达五年的时间，中方在国际铁矿石谈判无论是出货量、发货周期还是价格等方面都处于被动劣势，屡屡受挫，导致中国钢铁企业在铁矿石交易多支付了 7000 亿元人民币，代价沉重。而行业巨头 A 企业也因间谍丑闻案商业声誉受损高达千亿元，股价跌幅曾急挫三成。

随着胡某在2010年的锒铛入狱，当年震惊中外的A企业商业间谍丑闻告一段落。此后的十几年间，国际钢铁市场也经历了若干重大变革：澳大利亚的FMG公司发展凌厉后来居上，最终形成了四大铁矿寡头的新国际市场局面。尽管铁矿石出口国仍然是以澳大利亚和巴西为主导，其他国家诸如南非、加拿大和印度也在积极开拓市场，目前南非、印度和乌克兰也是中国铁矿石进口量排在前列的国家。

2. 普氏指数

2011年，年度国际铁矿石价格谈判机制被普氏指数为首的指数定价全面取代。普氏公司通过询问矿山企业、钢铁企业以及钢铁贸易商获得最高的买方询价和最低的卖方报价，确定当天定价。普氏指数机制和年度谈判相比更灵活公平，并以全球铁矿石需求量最高的中国市场现货价格作为重要基础参考。然而随着近年国际矿业主要供给方和西方国家大型金融机构入股普氏指数公司，普氏指数被诟病偏离初衷，机制不公开不透明，指数在公司股东的操纵下“快涨慢跌”，即定价权仍然牢牢握在以澳洲为首的产业链上游生产供应商手中。近年来中钢协数次点名批评普氏指数，指其极大偏离现货定价定位、金融化现象严重、被操纵现象明显，健全新的铁矿石定价机制刻不容缓。

中国作为国际铁矿石市场的头号买家，多年来仍然没有在定价权取得相对应的影响力，国际市场话语权地位并没有改善。一旦市场价格出现大幅波动，长期依赖进口铁矿石的中国钢铁企业的盈利水平就被牵引。2020年四大矿业巨头的平均销售利润额高达30%，而全球前二十大钢铁企业平均销售利润率只有2%。

3. 基石计划

2022年，中国钢铁工业协会上报的“基石计划”获得国家发展改革委、工业和信息化部、自然资源部、生态环境部的明确批示，遵循资源供应链安全性、经济性、市场化和绿色化四大原则，用10~15年从根本改变中国铁资源来源构成，破解被海外矿商巨头长期压制的局面。同年7月，中国矿产资源集团正式揭牌。该集团的定位是矿产资源综合服务体，涉及运输、仓储、配矿、加工、销售、采购、融资、进出口代理以及技术服务等业务。中国矿产资源集团旨在增强中国重要矿产资源保障，负责集中国内企业的铁矿石需求，从下游需求分散化向高度集中产业链化转型，统一对外谈判并采购，提升国际铁矿石价格谈判的主动权和话语权。谈判小组由中国铝业牵头，宝武集团、中铝集团、五矿集团等大型钢铁集团和贸易商代表中国五千多家钢铁行业企业参加海外谈判，组成巨无霸采购团争取更大的折扣和更稳定的长协价。

基石计划的重点之一是提升国内优质铁矿产能产量潜力。中国铁矿储量虽然在全球名列第四位，但存在开发难度高、富矿少、位置分散等短板。基石计划通过专项资金和政策扶持推进创新技术、智能矿山建设和资源综合利用，从品质、环保性、成本等方面提升产品长期竞争力。全国最大单体铁矿山地下开采项目位于辽宁省鞍山市西鞍山，投资额超过200亿元；西鞍山铁矿也是目前国内尚未开发的资源储量最大、禀赋最好的单体铁矿山。海南矿业也加紧对“亚洲第一富矿”海南省昌江石碌矿的精细化管理改革。近年来，随着资源开发力度的不断加大，中国铁矿石产量大省的开采量节节攀升；山东和内蒙古的开采量2020年增速达28%，形势喜人。

基石计划的落实也进一步加快中国企业的国际化步伐，目标是继续“走出去”：布局全球铁矿资源基地和产业园；降低已建海外项目的生产成本和提高竞争力；积极拓展海外矿资源富余地区的权益矿业务，计划海外投产权益矿产从1.2亿吨/年提升至1.5亿~2亿吨/年。近年中国企业在海外投资的主要铁矿项目包括几内亚西芒杜铁矿、秘鲁邦沟铁矿和澳大利亚SINO铁矿。西芒杜矿山项目会进一步深化合作发展，投资铁路和现代化港口用于铁矿石运输。中国也积极在铁矿石储量丰富的西非国家物色布局权益矿开采项目，分散对四大矿商的依赖风险。近年俄罗斯也成为中国铁矿石进口的活跃渠道，2020年进口量达到700万吨，较往年同比猛增近七成。

基石计划还将从回收成本、质量提升和绿色环保三个方面推进废铁资源的利用，逐步取代铁矿石在钢铁工业的主导地位。废铁富含铁元素，和铁矿石相比，采用废铁炼钢具有污染排放量少、能耗少、成本低等优势。废铁再生利用已经成为碳减排“双碳”背景下的重要发展方向，中国钢铁行业不断积极探索对废铁的利用空间。2021年5月，中国对再生钢铁原料实施零进口税，废铁进口量激增，对铁矿石的替代效应已见成效。

【案例分析】

1. 谈判类型的选择

谈判的类型通常分为分配式谈判和整合式谈判。分配式谈判又被称为竞争式谈判或者零和博弈（zero-sum game），只有其中一方赢得谈判结果获得利益，一方的利益意味着另一方的损失。国际矿商巨头在价格上毫不让步，中方只能无奈接受；国际矿商巨头获得丰厚的利润，代价就是中方付出远高于目标价格（target point）的价格去购买铁矿石。

为了促进钢铁行业的健康发展，中方一直都希望和三大矿商巨头形成长期稳定的上下游供应链关系，倾向整合式谈判，即关注考虑对方的需求和目标，互相成就，相互合作，最终达成“双赢”的结果。然而对方在谈判桌上展现出的更多是不合作、不退让、唯利是图的姿态，令双方处于对立对抗的竞争状态，无法达到互利共赢的稳定长期合作，展示出较为明显的分配式谈判局面。

A 企业的谈判态度和手段是很典型的硬式谈判（standpoint negotiations）风格，即谈判者为了达到胜利目的，毫不考虑对方利益，以针锋相对的强硬谈判态度和对方较量。这种策略常见于分配式谈判，使用方坚信立场越强，收获越多。在谈判桌上，A 企业把中方视为敌人，只集中关注如何维护自身利益，议价过程毫不让步，态度强硬；甚至利用拖延时间、搁置谈判、拉拢韩日企业反水等手段向中方施加压力，威胁中方就范；A 企业不在意谈判是否能最终达成协议，而是要坚守其“我赢你输”的立场。2009 年的国际铁矿石年度价格谈判，中钢协和三大矿商最后没有达成一致的长协价，而实情是当时不少国内钢铁企业已经对三大矿商妥协，绕过中钢协，偷偷按照对方 33% 的降价幅度作为当年的铁矿石结算价进行交易。尽管当年在谈判桌上没有和中钢协签订最终年度价格协议，三大矿商其实已经达到立场目标，取得谈判胜利。

以强硬风格主导的分配式谈判往往有一定局限性和劣势。首先，这容易导致“一锤子买卖”，一方或者双方的强硬态度会导致互不信任，难以有下次合作的动机；不喜强硬风格的一方会寻求其他出路机会，无法维护稳定的商务关系。其次，谈判有可能没有取得最终结果甚至导致“双输”结局。A 企业为了在谈判桌上猎获更多的利益，甚至不惜用违法手段刺探中方情报；这些无所不用其极的手段令 A 企业得不偿失，胡某商业间谍事件令股价大挫，商业损失达千亿元。A 企业在谈判桌赢了中方，也正是为了赢所做的不法行为赔上了商业荣誉，输了公司的未来，澳大利亚 FMG 公司乘机抢占市场；多年处于严峻恶劣谈判形势的中国钢铁企业在铁矿石交易多支付了 7000 亿元人民币。无疑这是一个典型的双输结局。

2. 谈判力的来源

谈判力指的是谈判者在谈判中相对于对手所拥有的综合制约力量，拥有越大的谈判力令谈判者在谈判过程中占据越优势的地位。谈判力包括企业竞争力、企业决策力、信息、时间、资源、可选择性、投入成本等。以澳大利亚 A 企业为首的三大矿商能够在谈判中占尽优势有以下主要原因。

首先，澳大利亚和巴西拥有得天独厚的优质铁矿石资源，这是三大矿商多年来在国际市场拥有绝对话语权的首要原因。澳大利亚是可用铁矿石储量第一大国，占全球总储量的28%，含铁量高，矿床浅，开发难度低，开采成本可以控制在 15～30 美元/吨，不及中国铁矿开采成本的 1/3。极丰富的铁矿石蕴藏资源是澳大利亚的天然优势，极大增强了该国矿商的谈判力（bargaining power），在谈判中占据绝对的上风地位。资源是谈判的重要筹码之一，能够控制更多资源的一方就能够在谈判中掌握更强的谈判力。资源控制方有充分的资源分配权，同时可以限制提供资源给谈判对方，这也是三大矿商多年来在价格谈判表露出高姿态和强硬态度的主要原因。

其次，三大矿商还充分利用了时间资源。时间作为一个客观因素，经常在谈判桌上被利用作为手段策略去争取更多自身的利益。谈判的期限可长可短，关键在于双方对于达成谈判结果的迫切度。中国基建和建筑热潮的兴起，对钢铁的需求呈现井喷式增长，作为原材料的铁矿石成为各钢铁企业的抢手货。企业只要能够更多更快地获得铁矿石，及时响应激增的客户钢铁需求，就能获得市场和利润。三大矿商深谙中国钢铁企业的市场状况，也知道一旦铁矿石出现库存不足、断供、运期延误等状况，中国的钢铁厂将出现停工、延期交货、资金链断裂等严峻问题。2009 年度铁矿石价格谈判，以 A 企业为首的三大矿商利用了时间要挟对方“卡脖子”。中国如无法和 A 企业达成最终的年度协议价，当时国内铁矿石库存量只能够维持钢铁企业约 90 天的生产计划；谈判的搁置甚至令国内铁矿石市场的现货价格一度飞涨。中钢协腹背受敌，在谈判桌上“以量换价”的谈判原则被对方无视，当年的谈判无果而终，中国的钢铁厂商和贸易商默认以 33% 降幅和 A 企业进行交易。三大矿商根据谈判对方的铁矿石库存量和钢铁厂商的生产周期主导谈判节奏，或拖延或推进。随着谈判时间线的延长，三大矿商奠定更多的谈判优势，对方的利益逐渐转移到己方。

最后，信息是A企业为首的三大矿商谈判力筹码之一。谈判过程的不同阶段均要作出各种大小不同的决定，这些决定必须基于大量的可靠资料和信息，因此信息的作用至关重要。在2009年的铁矿石年度价格谈判，三大矿商清楚意识到国际金融危机导致的铁矿石供过于求的不利局面，这些劣势并未让矿商巨头在谈判处于下风，因为三大矿商同时洞察到中国经济的逆势上扬，估计出中国经济体对钢铁的需求量只增不减的趋势，只有三大矿商的铁矿石产量才能满足中国钢铁厂的生产体量。三大矿商不但价格上没有丝毫放松让步，而且每年都提出了不可思议的涨幅主张，弱化弊端扭转形势，在谈判桌上取得胜利，获得更多的利益。A企业为了不打无胜算的仗，不惜采用不道德甚至违法行为获得商业情报，指使胡某游走于中国大小钢铁企业、贸易公司，以感情笼络、金钱贿赂、利益输送等手段获取谈判中方的机密数据。A企业和中方谈判的过程完全不费吹灰之力，因为中方的底牌早就在谈判开始之前被了如指掌，这也体现了信息收集分析在谈判准备阶段的重要性。然而，A企业追逐利益的疯狂行为也反噬了自身：胡某东窗事发因商业间谍罪被治罪坐牢；A企业名誉受创并导致股市价格下挫；A企业沉寂时期被另一澳大利亚矿商迎头赶上，竞争局面更为严峻。

3. 沟通手段

谈判是相互沟通和磋商的过程，双方通过语言、文字、身体语言等形式表达自身的需求和观点，同时探寻对方的谈判目的和真实需求。胡某擅长处理人际关系，亲和友善，熟练掌握有效沟通技巧，能够迅速和别人打上交道甚至取得信任，其最终目的是从目标人物身上套取商业情报。和东家强悍不退让的谈判态度截然不同，胡某待人接物风格亲切谦卑，很多钢铁行业人士对其第一印象非常良好。这种策略叫首因效应，即人或者事物被其他人初次接触期间所形成的印象，也就是常说的第一印象。通过刻意设计，在谈判对方面前不全面、有目的地展示利己的信息，容易让对方产生好感，第一印象就像是滤镜有可能影响判断准确性。这种策略经常被用于谈判过程的前期阶段。在中国出生成长的胡某，与中国钢铁企业老板和高管沟通远比其他“老外”或者“中国通”来得顺畅、距离感少，避免了文化差异可能产生的误解和冲突，这也是A企业委任其作为中国区业务首席代表的重要原因之一。胡某擅长聆听，常常赞美和肯定对方的观点。聆听在谈判前期尤其重要，适当少说多听，虚心请教，会让对方更愿意继续分享，对方可能无意之中会透露有价值的情报。

从谈判的角度来讲，“桌外活动”也是一种有助于增进双方关系的策略手段。桌外活动是指谈判桌以外以推进谈判进程为目的的活动。胡某和钢铁行业高管、老板打交道的场所往往不是办公楼、会议室而是餐饮娱乐场所。在酒精加持的热烈氛围下，对方不再拘谨，放松了警惕，把商业对手当成朋友畅所欲言，提高了内部信息外泄的风险。

中方和国际矿商谈判博弈频频失利的最重要原因是各大钢铁企业的机密信息在谈判前被泄露。极个别代表中钢协参加谈判的国内钢铁企业负责人，一早被胡某收买，通风报信暗中帮助谈判对手 A 企业。胡某作为 A 企业的中国区首席代表，其中一个重要任务就是结交人脉。从 2003 年到 2009 年案发期间，胡某活跃于中国钢铁行业的交流场合，并制造机会结识钢铁行业具有影响力的高层、企业家。胡某及其团队对目标人物通过行贿、送礼、利益输送等手段腐化拉拢，满足他们的个人利益需求，诱使他们放弃原则背叛组织。尽管胡某和某些钢铁企业高管代表不同的企业和国家立场，从谈判原理的角度来看，胡某和这些内鬼有“双赢”合作关系，即胡某以提供对方所需利益来换取情报，双方需求都被满足。胡某通过和目标人物在不同场合的接触沟通，观察对方的喜好、性格、弱点、困难并投其所好。对方的需求得到满足后，认定胡某是知其心意的好兄弟，一步一步泥足深陷，甚至做出了损害中方利益的行为。由此可见商业贿赂行为给企业、行业乃至国家带来了巨大的危害。

对于不为诱惑所动、无法撬动的行业目标人物，胡某会尝试从其身边的人入手，例如借考察工厂车间之机和工人亲切聊天。基层工人可能会不经意间透露看似平常聊天实质非常有价值的信息，例如加班频率、生铁的单位消耗等，这些往往是谈判协议内容调整的突破点。种种机密的外泄导致中方在谈判中无法应对。

4. 夯实自身实力，提升话语权

海外矿商巨头主导国际铁矿石定价话语权多年，要改变这种被人牵着走的局面，中国钢铁行业任重而道远，“基石计划”的推进将会带来扭转形势的希望曙光。

成立于 1999 年的中钢协是由中国钢铁行业的企业、事业单位、社团组织和个人等自愿结成的非营利性社会团体，并不涵盖中国所有钢铁企业；早年由中钢协代表的年度铁矿石价格谈判模式属于低集中度模式，议价能力较弱。中国矿产资源集团在2022年组建成立，代表中国全体五千多家钢铁企业和国际四大矿商接洽谈判，属于高度集中化采购模式，以体量换取长期合理价格，稳定国内钢铁行业市场行情。

新的采购模式不但采购金额庞大，还面临技术复杂、性质特殊和不稳定性等挑战，对谈判团队成员要求程度高。谈判小组成员必须具备更全面的行业知识和经验素养。除了负责议价的采购人代表之外，行业专家的参与能够对谈判过程出现的问题有正确见解，确保谈判过程中协议细则、产品服务标准等谈判目标万无一失。谈判小组也必须物色具有较强管理能力的行业权威人士作为领导者，协调小组运转和调动全体人员的配合积极性。谈判小组成员必须具备坚定不移的政治信念、牢固的思想防线、高度的个人修养和职业道德，始终把国家利益和钢铁行业健康发展放在首位，拒绝把组织赋予的谈判权力当成谋取私利工具。

该重大变动将增强中方的议价优势。国际矿商已经高度关注中国矿产资源集团的下一步举动，危机感令他们不得不重新思考对华贸易谈判的方针和态度。

铁矿石的定价经历了年度合同定价、季度定价、月份定价、即时定价的变迁，从每年"一锤定音"的谈判转向由指数主导。国际三大铁矿石定价指数分别是普氏指数、MBIO指数和TSI指数，2008年推出的普氏指数是全球铁矿石定价的基础，普氏指数的母公司背后的股东不乏西方国家的金融投资机构和老牌银行，这些资本方又和国际矿商的关系千丝万缕、错综复杂，持有国际铁矿石资源巨头公司的大量股份，其中包括A企业，对中国在国际铁矿石价格话语权形势不利。

2011年，中国钢铁工业协会等联合推出中国钢铁价格指数（CIOPI），每周公布上周国产和进口铁矿石的指数和价格，数据来源基于国内的铁矿石使用者、生产者和贸易商，较为真实、客观和全面地反映了中国市场的供需情况、采购成本和库存状况。

中国应该不断完善中国铁矿石价格指数制度的客观性和科学性，并坚定不移地推行该指数的国际地位和影响力，撬动铁矿石价格垄断的国际局面，制衡市场资本对个别国际机构的干扰影响，提升铁矿石国际市场信息和研究报告的客观性和准确性。平稳发展的国际市场秩序能让铁矿石价格合理回落，有力遏制中国铁矿石市场囤积居奇、哄抬价格等不良违法现象，提高内地钢企的利润水平。

2022年，中国决定推进由中钢协提出的基石计划，明确提出了夯实中国作为世界钢铁生产强国地位的三大路径：新增国内铁矿开发、新增境外权益铁矿、开发废钢资源。中国铁矿建设项目必须通过科技创新研发国际先进水平的采矿设备，提升矿产资源区的基础设施水平和配套条件，有效提高战略性矿产资源基地的数量和产量规模，缩小中国和四大国际铁矿石巨头之间的生产成本差距。另外，中国应该积极探索海外优质矿产资源，采用合资、参股、控股等方式加大海外权益矿布局，并且积极寻求和其他矿石资源国如南非、乌克兰、印度、俄罗斯的深度长期合作，通过进口来源多元化撼动国际铁矿石巨头定价权的垄断地位。同时，废钢具备无线循环使用的特质，是未来逐步代替铁矿石的优质绿色资源。

以上三个路径不但加强了国内钢铁产业链的稳定性，保障了中国铁矿石资源安全，同时也增加了中国钢铁企业和国际铁矿石垄断巨头谈判的底气，是成功谈判的重要组成部分，即最佳替代方案（best alternative to a negotiated agreement，BATNA）。矿商巨头在谈判过程中采取强势、毫不退让的态度，是因为洞察对方在矿石资源供应对其高度依赖。尤其在通过各种手段掌握了中国钢铁厂的库存状况和订单形势下，利用生产任务的时间压力突然单方面提价，中方一时间无法找到其他替代资源，只能选择妥协让步而不会让谈判破裂。基石计划积极寻求内在外在的自主矿产资源，就是为谈判提供更好的保障条件，让中国钢铁企业在面对国际铁矿石垄断巨头时更有底气争取价格优势，能够承受谈判破裂的风险而不受对方威胁制约，打破“卡脖子”困境。

第三节 思政元素

一、打铁必须自身硬

2012年11月15日，习近平总书记在十八届中共中央政治局常委同中外记者见面时提出：“全党必须警醒起来。打铁还需自身硬。我们的责任，就是同全党同志一道，坚持党要管党、从严治党，切实解决自身存在的突出问题，切实改进工作作风，密切联系群众，使我们党始终成为中国特色社会主义事业的坚强领导核心。”

2021 年 7 月 1 日，习近平总书记在庆祝中国共产党成立 100 周年大会讲话中强调：“新的征程上，我们要牢记打铁必须自身硬的道理，增强全面从严治党永远在路上的政治自觉，以党的政治建设为统领，继续推进新时代党的建设新的伟大工程，不断严密党的组织体系，着力建设德才兼备的高素质干部队伍，坚定不移推进党风廉洁建设和反腐败斗争，坚决清除一切损害党的先进性和纯洁性的因素，消除一切侵蚀党的健康肌体的病毒，确保党不变质、不变色、不变味，确保党在新时代坚持和发展中国特色社会主义的历史进程中始终成为坚强领导核心！”

新时期的党员干部队伍建设必须加强党风廉政建设，增强廉洁自律意识，树立正确的人生观、价值观和世界观，坚决杜绝贪污受贿、通风报信、违规收受利益等违法行为，把国家利益始终放在首位。

二、国家安全，人人有责

案例体现了深入贯彻落实党的二十大精神的重要性和正确性，要以习近平新时代中国特色社会主义思想为指导，坚持总体国家安全观。

2014 年 11 月 1 日，《中华人民共和国反间谍法》正式颁布实施。企业要加强对员工防奸反谍培训，提高员工对商业机密和国家利益的关系认识，明确在涉外商业活动的管理红线。

机关、团体、企业事业组织和其他社会组织应当落实反间谍安全防范主体责任：开展反间谍安全防范教育、培训，提高本单位人员的安全防范意识和应对能力；加强本单位反间谍安全防范管理，落实有关安全防范措施；及时向国家安全机关报告涉及间谍行为和其他危害国家安全行为的可疑情况；为国家安全机关依法执行任务提供便利或者其他协助；妥善应对和处置涉及本单位和本单位人员的反间谍安全防范突发情况；其他应当履行的反间谍安全防范义务。

中国公民必须维护国家的安全、荣誉和利益的义务。一切国家机关和武装力量、各政党和各社会团体及企业事业组织，都要防范、制止间谍行为，维护国家安全。各组织应对本单位的人员进行维护国家安全的教育、动员，组织本单位的人员防范、制止间谍行为，为反间谍工作提供便利或协助，发现间谍行为及时报告。在国家安全机关调查情况、收集证据时，各组织应如实提供，不得拒绝；保守所知悉的有关反间谍工作的国家秘密。各组织不得非法持有属于国家秘密的文件、资料和其他物品；不得非法持有、使用专用间谍器材。

三、科技强国，实现自主可控

2016年，中共中央、国务院印发《国家创新驱动发展战略纲要》，提出到2020年进入创新型国家行列、2030年跻身创新型国家前列、到2050年建成世界科技创新强国“三步走”目标。本章案例体现了深入贯彻执行《国家创新驱动发展战略纲要》的重要性和正确性。

2021年5月28日，习近平总书记在中国科学院第二十次院士大会、中国工程院第十五次院士大会和中国科学技术协会第十次全国代表大会发表重要讲话，指示要“加快建设科技强国，实现高水平高科技自主自强”。

中国处于高速发展阶段，战略性矿产资源具备高度稀缺性和垄断性，实现科技自立自强是突破全球资源竞争格局的重要手段，新兴产业、信息科技应用和绿色可持续发展是科技发展方向的关键。我们要坚持党对科技事业的全面领导，牢牢把握建设世界科技强国的战略目标，努力在原始创新取得突破，推动核心技术自主可控，加强创新链产业链融合。

第十章

Chapter 10

国际货物买卖合同的订立

第一节 章前导读

一、教学目标

1. 知识目标

了解贸易磋商的形式和内容，认识国际货物买卖合同的特点和内容，以及磋商的复杂性和法律性。

2. 能力目标

掌握国际货物买卖合同形成的步骤，掌握国际货物买卖合同成立的必要条件，在理解有关法律规则的基础上，逐步提高签订合同的技巧和水平。

3. 价值目标

在价值观方面，培养具有家国情怀、守法意识、职业理想的国际贸易人才。培养坚持和平、发展、合作、共赢，能共同解决当前世界经济和中国国际贸易、投资中面临的问题，一起走向更加美好未来的人才。

二、教学内容

国际货物买卖合同是指营业地处于不同国家的当事人所订立的货物买卖合同。货物买卖合同是指导卖方为了取得货物而把货物的所有权移交给买方的一种双方合同，其特点有国际性、货物性和买卖性。订立国际货物买卖合同应遵循的原则包括平等原则、自愿原则、公平原则、诚实守信原则及合法和尊重社会公德的原则。

订立国际货物买卖合同的法律步骤包含询盘、发盘、还盘和接受四个环节。其中发盘和接受是达成交易及合同成立必不可少的两个环节和必经的法律步骤。一项合同的有效成立，必须符合以下五个条件：当事人应具有相应的行为能力、合同的标的和内容必须合法、合同必须有对价或约因、合同形式必须符合法律规定的要求、合同当事人的意思表示必须真实。

合同的形式有书面合同、口头合同及其他合同。书面合同主要包括两种类型：正式合同和确认书（合同的简化形式）。不论哪种类型，一般都包括约首、基本条款和约尾三个组成部分。其中约首包括合同名称、合同编号、缔约双方名称和地址、缔约时间、电话、传真号码等项；基本条款是合同的主体部分，包括品名、品质、数量、包装、价格、交货条件、运输、保险、支付、检验、索赔、不可抗力和仲裁等项内容；约尾一般会列明合同份数、使用的文字及其效力、订约的时间和地点及生效的时间。合同订约地点往往涉及合同准据法的问题，因此要慎重对待。

第二节 案例分析

案例 10.1

交易磋商中的法律步骤

【案例介绍】

中国甲公司是位于广东省佛山市的一家从事厨电出口的大型外贸企业，拟向美国的乙公司出口一批燃气灶。交易磋商过程如下。

2021 年 3 月 8 日甲公司去电："可供老板牌燃气灶 30000 件，型号 DHB－35，FOB 大连每件 35 美元，5 月装运，即期信用证付款，3 日内复到有效。"

3 月 10 日乙公司来电："接受你 8 日来电，CFR 纽约每件 37 美元。"

3 月 12 日甲公司去电："我方只接受 CIF 纽约每件 45 美元，请确认。"

3 月 14 日乙公司来电："你 12 日来电抱歉，只接受 CIF 纽约每件 40 美元，请速复。"

3 月 16 日乙公司又来电："经说服批发商同意 CIF 纽约每件 45 美元。"

3 月 18 日甲公司去电："货已售出。有货再与你联系。"

3 月 28 日甲公司去电："现在可供老板牌燃气灶 30000 件，型号 DHB－35，CIF 纽约每件 50 美元，6 月装运，即期信用证付款，5 日复到有效。"

3 月 30 日乙公司来电："接受你 28 日电，仲裁地点瑞典斯德哥尔摩。"

4 月 1 日甲公司去电："抱歉，难以接受仲裁地点瑞典斯德哥尔摩，仲裁地点在中国北京。"

4 月 3 日乙公司来电："接受在中国北京仲裁。"

4 月 5 日甲公司去电："限即期信用证 4 月 15 日到有效。"

4 月 7 日乙公司来电："你 5 日电信用证将由花旗银行驻北京办事处开立。"

经过几个回合磋商，合同即告成立。

【案例分析】

询盘，指的是询问交易条件，内容可涉及价格、规格、品种、数量、包装、装运以及索取样品等，而多数只是询问价格/询价。询盘的法律效力：邀请发盘的性质，对询盘人没有法律约束力。

发盘，又称为发价，是卖方或买方向对方提出一定的交易条件，并愿意按照这些条件达成交易的一种肯定表示。发盘的法律效力：发盘是对发盘人具有法律约束力的"要约"，发盘人在发盘的有效期限内不得任意撤销或修改发盘的内容。发盘一经对方在有效期限内表示无条件地接受，发盘人将受其约束并承担按发盘条件与对方签订合同的法律责任。

通常而言，构成一项有效的发盘必须具备以下三个条件。

（1）发盘内容必须十分确定。根据《联合国国际货物销售合同公约》（以下简称《公约》）至少应包括三个基本要素：①标明货物的名称；②明示或默示地规定货物的数量或规定数量的方法；③明示或默示地规定货物的价格或规定确定价格的方法。至于包装、运输、保险、争议的处理等其他内容，一般按照国际贸易惯例或者通常国际法律的规定来办理。

（2）表明一经受盘人接受发盘人即受约束的意思。一定要注意和邀请发盘区分开来。邀请发盘是指交易的一方打算购买或出售某种商品，向对方询问买卖该项商品的有关交易条件，或者就该项交易提出带有保留条件的建议。订约建议一般不构成发盘，诸如“仅供参考”“须以发盘人的最后确认为准”或其他保留条件，这样的订约建议就不是发盘，而只是邀请对方发盘。

（3）向一个或者一个以上的特定人提出。受盘人可以是一个，也可以指定多个。不指定受盘人的发盘，仅应视为发盘的邀请。商业广告本身不是一项发盘，因为没有指定受盘人。除非在广告中注明“本广告构成发盘”或“广告项下的商品将售给最先支付货款或最先开来信用证的人”等可视为一项发盘。

发盘一般都列有一定的有效期。发盘的有效期，是发盘人受发盘约束的期限，在此期限内不得任意撤销发盘；也是受盘人表示接受的期限，在此期限内作出答复，才算有效。如未规定有效期，受盘人应在“合理时间”内接受才能有效。

根据《公约》规定，发盘的生效时间是指发盘送达受盘人时生效。我国《民法典》也采取到达主义，要约生效的时间适用《民法典》第一百三十七条的规定：“以对话方式作出的意思表示，相对人知道其内容时生效。以非对话方式作出的意思表示，到达相对人时生效。以非对话方式作出的采用数据电文形式的意思表示，相对人指定特定系统接收数据电文的，该数据电文进入该特定系统时生效；未指定特定系统的，相对人知道或者应当知道该数据电文进入其系统时生效。当事人对采用数据电文形式的意思表示的生效时间另有约定的，按照其约定。”

发盘的撤回和撤销是两个不同的概念。撤回是指如果一项发盘还没有到达受盘人，发盘人为了使该项发盘不发生效力，以一种更快捷的通信方式将撤回通知先于发盘送达受盘人或同时送达受盘人，取消原发盘的效力。撤销是指如果一项发盘已经到达受盘人，在受盘人在有效期内未表示接受前，发盘人为了使该项已生效的发盘失去效力而通知受盘人取消原发盘的效力。有关撤回和撤销的规定，详见《联合国国际货物销售合同公约》第 15 条和第 16 条的规定。

如果受盘人将拒绝发盘的通知送到发盘人手中时，原发盘就失去效力，发盘人不再受其约束。此外，以下情况也可造成发盘效力的终止。

（1）受盘人作出还盘。

（2）发盘被成功撤回或撤销。

（3）在有效期内未被接受或在合理时间内未被接受。

（4）人力不可抗拒的意外事故造成发盘的失效，如政府禁令或限制措施。

（5）发盘人或受盘人在发盘被接受之前丧失行为能力。

还盘，又称还价，是受盘人对发盘内容不同意或不完全同意而作出相应的修改或变更的意思表示。一般而言，还盘有两个法律后果：一是还盘是对发盘的拒绝，原发盘即失去效力，发盘人不再受其约束；二是还盘等于是受盘人向原发盘人提出的一项新的发盘。还盘的法律效力：一方的发盘经对方还盘以后即失去效用，发盘人不再受原发盘约束。

接受，在法律上称为“承诺”，是交易的一方在对方发盘或还盘后完全同意对方提出的交易条件，愿意与对方达成交易，并及时以声明或行为表示出来。接受的法律效力：交易即告达成，合同亦即成立，双方即应分别履行其所承担的义务。

通常而言，构成一项有效接受，必须符合以下四个条件。

（1）接受必须由受盘人作出。发盘是向特定的人提出的，因此，只有特定的人才能对发盘作出接受。由第三者作出的接受，不能视为有效的接受，只能作为一项新的发盘。

（2）接受必须是同意发盘所提出的交易条件。

（3）接受必须在发盘规定的时效内作出。规定了接受的时限时，受盘人必须在发盘规定的时限内作出接受，方为有效。如发盘没有规定接受的时限，则受盘人应在合理时间内表示接受。对何谓“合理时间”，往往有不同的理解。为了避免争议，最好在发盘中明确规定接受的具体时限。

（4）接受通知的传递方式应符合发盘的要求。如发盘没有规定传递方式，则受盘人可按发盘所采用的，或采用比其更快的传递方式将接受通知送达发盘人。沉默或不行为本身，并不等于接受。

本案例中，甲公司和乙公司反复磋商，历经多次发盘与还盘，合同才得以最终成立。我们需要认真区分哪些是发盘，哪些是还盘，哪些是接受。

在3月8日甲公司的去电之中，已经清楚地表明货物的名称是老板牌燃气灶(型号DHB-35)，数量是30000件，价格是FOB大连每件35美元，这已经满足《公约》所要求的有效发盘至少应包括三个基本要素，说明发盘内容已经十分确定。而且该去电还规定了装运、付款等相关事宜，并且是向特定的对象即美国乙公司提出的，同时还规定3日内复到有效。很显然，这是一项有效的发盘，而不是邀请发盘。

3月10日乙公司的来电，虽然明确载明"接受你8日来电"的字样，但是同时也提出将价格条款由FOB大连每件35美元更改为CFR纽约每件37美元。这是一种有条件的接受。该接受是否有效，取决于内容的变更究竟是属于实质性的还是非实质性的。很显然，乙公司主要是对价格的变更，这属于实质性的变更，不能构成有效接受，而只能视作还盘，是对甲公司3月8日发盘提出的FOB大连每件35美元的一种拒绝，从而使得该发盘失去了效力。另外，这也是乙公司向甲公司提出的一项新的发盘。

3月12日甲公司的回电，再次将价格更改为CIF纽约每件45美元。这也是一种还盘，拒绝了乙公司3月10日提出的CFR纽约每件37美元。不仅使得乙公司原来的发盘失效，同时也表明甲公司再次向乙公司提出了一项新发盘。

同理，3月14日乙公司提出只接受CIF纽约每件40美元，比甲公司之前提出的报价CIF纽约每件45美元要低5美元每件。这是乙公司再次提出的还盘，也是向甲公司再次提出的新发盘，同时也使得甲公司之前提出的CIF纽约每件45美元的发盘失去了法律效力。

3月16日乙公司又来电同意CIF纽约每件45美元。从表面上来看，似乎乙公司已经和甲公司达成了一致，因为之前的多次磋商均是围绕价格所展开的，而该价格是3月12日甲公司所提出来的。但是仔细参考之前的函电往来，发现却并非如此。其中的关键之处在于，3月14日，也就是上次乙公司的回复，已经明确拒绝了甲公司CIF纽约每件45美元的报价，导致乙公司该发盘的失效。很明显，既然乙公司CIF纽约每件45美元的发盘已经失效，就谈不上乙公司进行还盘或者接受，更谈不上合同的成立，而只能作为乙公司向甲公司再次提出的一项新发盘。

3月18日甲公司的回复，明确指出货已售出，说明已经委婉回绝了乙公司，直接导致了3月16日乙公司原发盘的失效。该轮多回合的磋商也暂时告一段落。

十天之后，也就是3月28日，甲公司再次向乙公司去电，提出了新的交易条件。其中，商品名称为老板牌燃气灶（型号 DHB－35），数量 30000 件，价格为 CIF 纽约每件 50 美元。该函电也已经同时具备《公约》所要求的有效发盘所应具备的品名、数量、价格这三个基本要素。至于运输和付款，该函电也有明确的规定。另外，该函电有特定的受盘人乙公司，也规定了 5 日复到有效。这些条件都表明，该函电是一项非常有效的发盘。

3 月 30 日乙公司进行了回复。一方面提出接受甲公司 28 日的电文，另一方面又添加了新的交易条件：仲裁地点瑞典斯德哥尔摩。这实际上构成了一项有条件的接受。该有条件的接受是否有效，关键取决于内容的变更究竟是实质性的还是非实质性的。仲裁是解决贸易争端的一种常见方式。按照《公约》的相关规定，解决贸易争端的相关内容的添加属于实质性变更发盘条件，是对原发盘的一种拒绝，实际上就是还盘。当然，这也导致了 3 月 28 日甲公司原发盘的失效。

4 月 1 日甲公司回电，提出将仲裁地点由瑞典斯德哥尔摩改为中国北京，这是甲公司在交易磋商过程中的再一次还盘，同时也是甲公司的一项新发盘。

4 月 3 日乙公司来电，同意甲公司提出的在中国北京仲裁条件，这形成了一项有效接受。由此，乙公司和甲公司已经达成了一致意见，合同成立了。

4 月 5 日甲公司提出将原来的支付条件，也就是即期信用证进一步限定为 4 月 15 日到有效，这是一项新的发盘。由于 4 月 3 日乙公司的有效接受已经导致合同成立，因此该发盘并不能影响之前合同成立的法律效力。

4 月 7 日乙公司同意按照甲公司的规定由花旗银行驻北京办事处开立即期信用证，说明乙公司同意甲公司所提出的关于支付条件的更改。因此，合同的成立就以这些更改为准，其他条款保持不变。

案例 10.2

发盘是否有效争议案

【案例介绍】

2019 年 8 月 10 日，山东某进出口公司（以下简称我方）应法国某客商（以下简称对方）的要求，对其指定的一款商品报盘：数量 200 吨，每吨 CIF 马赛 250 美元，麻袋装，即期装运，凭不可撤销即期信用证付款。

8 月 17 日，对方回电，但没有明确表示接受，而是再三请求我方增加数量，降低价格，并延长装运期。

8 月 18 日，我方回电，同意将数量增至 300 吨，价格减至每公吨 CIF 鹿特丹 240 美元，装运期延长至 10 月底。

8 月 24 日对方回电，仍然没有表示接受，要求再降低价格，再度延长装运期。

8 月 25 日，我方回电表示价格不能再降，但装运期可延长到 11 月 20 日，并声明 9 月 15 日复到有效。

对方没有立即回电，直至 9 月 14 日来电表示接受我方 8 月 25 日发盘，同时附加包装条件“需提供良好适合海运的袋装”。

我方在收到对方电报接受时，发现该产品主要生产国因遭受自然灾害而影响了该商品的产量，导致该产品的国际市场价格已猛涨。于是我方要求撤销发盘，拒绝成交，并复电称：“由于国际市场的变化，货物在接到贵方接受电报前已售出。”

但对方不同意这一说法，认为接受是在要约有效期内作出的，因而是有效的，坚持要求我方按要约的条件履行合同。并提出，要么执行合同，要么赔偿对方差价 3.5 万美元，否则坚持提交仲裁机构解决。

我方回电，提出我方发盘未注明“Firm Offer”（实盘）字样，所以合同无效。双方经多次交涉，争论十分激烈，但最后我方只能以承认合同成立而告终，只是坚持包装为麻袋装，给我方造成巨大损失。

【案例分析】

本案例涉及有效发盘和有效接受的争议。

接受必须是同意发盘所提出的交易条件。但是在实际业务中，受盘人往往在答复中使用了“接受”的字眼，但同时又对发盘的内容作了增加、限制或修改，这在法律上称为有条件的接受。有条件的接受是否有效，关键取决于内容的变更或者修改究竟是属于实质性变更还是非实质性变更。《公约》规定，“有关货物价格、付款、货物质量和数量、交货地点和时间、一方当事人对另一方当事人赔偿责任范围或解决争端等的添加或不同条件，均视为实质变更发盘的条件”。因此，对发盘条件提出实质性的修改，不能构成有效接受，而只能视作还盘。但是如果对发盘内容提出更改包装、增加重量单、装箱单、原产地证明或某些单据的份数等，则是非实质性的添加、限制和更改。《公约》规定：除非发盘人在不过分迟延的时间内表示反对其间的差异外，仍可构成有效的接受，从而使合同得以成立。合同的条件就以该项发盘的条件以及接受中所提出的某些更改为准。

8 月 10 日我方应法国客户的邀请，针对其指定的某款商品，明确提出了商品的数量、价格、包装、运输和付款等条件，是一项有效的发盘。

8 月 17 日对方的回电当中，不仅没有明确表示接受，而且再三请求我方增加数量，降低价格，并延长装运期，这是对数量、价格和运输这些关键交易条件提出了变更要求。由于对方没有提出其具体要求，可以视作法国客户在拒绝原发盘的同时，邀请我方再次发盘，希望我方能提出更加有利于对方的交易条件。

8 月 18 日，我方根据对方提出的要求，将数量、价格和装运期都进行了相应调整。这是我方为了争取达成交易而作出的新发盘。

8 月 24 日对方回电，不仅没有表示接受，而且再次要求降低价格并延长装运期。这也是在拒绝我方原发盘的同时要求我方进一步优化交易条件。

8 月 25 日我方表示价格不能再降，但是应客户的要求再一次延长了装运期。同时声明 9 月 15 日，也就是 20 天以内接受（以接受到达我方为准）有效。

法国客户虽然当时没有立即回电，但是 9 月 14 日来电。一方面，对方表示接受 8 月 25 日发盘；另一方面，又附加了包装条件，“需提供良好适合海运的袋装”。这实际上是一种有条件的接受。该有条件的接受是否有效，主要取决于内容的变更究竟是实质性的还是非实质性的。《公约》规定，“有关货物价格、付款、货物质量和数量、交货地点和时间、一方当事人对另一方当事人赔偿责任范围或解决争端等的添加或不同条件，均视为实质变更发盘的条件”。根据上述条款，很明显，包装条件的添加，不在《公约》所列明的实质性变更之列，因此应属于非实质性变更。

对于非实质性变更，《公约》还规定：“除非发盘人在不过分迟延的时间内表示反对其间的差异外，仍可构成有效的接受，从而使合同得以成立。合同的条件就以该项发盘的条件以及接受中所提出的某些更改为准。”从该案例来看，我方在接到对方提出更改包装条件之后，并没有反对包装更改的所造成的差异，因此构成了有效的接受。这也导致合同因此而成立了。

我方以“市场发生变动”为由要求撤销发盘的理由也是不成立的。因为我方在发盘时规定了有效期，声明9月15日复到有效。根据《联合国国际货物合同销售公约》第16条的规定：已经被受盘人收到的发盘，如果撤销通知在受盘人发出接受通知前送达受盘人，可予以撤销；但规定了有效期的发盘，在有效期内不能被撤销。

我方此时发现该产品的国际市场价格已猛涨，当然希望该商品能够随行就市，以更高的价格出售，从而获得更高的利润。这种意愿无可厚非。但是，本案例中我方对发盘有效期规定得太长（20天），致使我方受发盘约束的时间过长，以至于后来陷入被动局面。对发盘有效期的规定一般取决于商品的种类、市场情况、交易额等多种因素。一般而言，如果买卖商品是小商品，市价稳定，交易额不大者，发盘有效期可规定得相对较长，如5~7天甚至更长。但是如果买卖商品属于大宗商品、市场敏感性商品或初级产品，交易额较大，而且国际市价波动频繁，商品的发盘有效期则应当规定得相对较短，如2~3天甚至更短。因此对于成交数量大、市场敏感性商品的发盘有效期，应尽可能短，若规定过长，将让国外客户坐待时机，势必给我方增加风险，甚至造成损失。总之，在对外报价时，应详细了解国际市场行情以及波动情况，仔细研究供求状况和价格波动的相关因素，考虑周全，谨慎从事，进行准确的价格预测，做到心中有数。

我方还提出发盘未注明“Firm Offer”（实盘）字样，所以合同无效。这种理由也是站不住脚的。“有效发盘”，在中国习惯称为“实盘”，指的是发盘人对接受人所提出的是一项内容完整、明确、肯定的交易条件。一项发盘被认定为实盘，需要具备以下三项要件。

（1）形式要件。有订立合同的肯定表示，并表明在得到接受时承受约束的意旨。在实际业务中，发盘一般都附有表示意旨的有关术语，如“发盘”“递实盘”“发实盘”等字样。如该发盘系实盘通常都应注明“发实盘”的字样。

（2）时间要件。实盘应明示其有效期限。如“发盘限本月25日下午4时复到”，就表明该项实盘在其有效期限内受其约束，过期失效。

（3）实质要件。实盘应具备的交易条件，即商品的名称、品质、数量、价格、包装、交货、付款等。而且以上交易条件的表述用词必须明确。不能有“大约”“估计”“可能”等用语。

此案中，我方的发盘不仅包括了实盘的实质要件，即货物的品质、数量、包装、价格、交货时间和支付方式，而且规定了时间要件，即规定了有效接受期限。虽然发盘上没有明确标明“实盘”字样，但是该发盘是应法国某客商的要求，对其指定的一款商品报盘，有订立合同的肯定表示。综上所述，该发盘可以确认为实盘，具有确定的约束力。

第三节 思政元素

一、坚持对外开放

无论世界局势如何影响经济全球化的发展，中国对外开放的决定都不会改变。我们要继续立足中国、面向世界，拉紧中外企业利益纽带、推动国际经贸往来、促进国家关系发展。当前，百年变局和世纪疫情交织，经济全球化遭遇逆流，世界进入新的动荡变革期。各国工商界对和平发展的期盼更加殷切，对公平正义的呼声更加强烈，对合作共赢的追求更加迫切。中国扩大高水平开放的决心不会变，中国开放的大门只会越开越大。中国将持续打造市场化法治化国际化营商环境，高水平实施《区域全面经济伙伴关系协定》，推动高质量共建“一带一路”，为全球工商界提供更多市场机遇、投资机遇、增长机遇。让我们携起手来，坚持和平、发展、合作、共赢，共同解决当前世界经济以及国际贸易和投资面临的问题，一起走向更加美好的未来。落后就要挨打，发展才能自强。审视现在，我们必须牢记，道路决定命运，找到一条正确的道路极为不易，必须坚定不移地走下去。展望未来，我们必须牢记，要把蓝图变成现实，还有很长的路要走，需要付出长期艰苦的努力。

在本章案例中，要正确理解“以构建以国内大循环为主体、国内国际双循环相互促进的新发展格局”、国家高质量发展战略（从高速增长阶段转向高质量发展阶段，从贸易大国成为贸易强国）。国际贸易的竞争优势是由国内产业、企业的竞争优势决定的。这一竞争优势除了产业制造能力、生产能力等硬实力，还应该包括人才的法律规则意识、商务沟通能力、商务谈判能力等软实力。国际贸易人才要具备家国情怀、守法意识、职业理念等基本素质，同时在贸易磋商和国际货物买卖合同签订过程中，也要对《公约》等其中的条款规定非常熟悉、灵活运用。针对不同国家的文化习惯、表达习惯、法律规定、商务交往特点等，要有较强的认识。在坚守诚信意识的同时，做到耐心细致，及时应用专业知识和法律知识，大胆行动，小心求证，保护好自身企业的利益。从本章案例中看到，在国际货物贸易的磋商和合同的签订过程中，涉及的各环节都紧紧围绕《公约》，这就要求掌握《公约》中规定的国际货物买卖合同形成的步骤、掌握国际货物买卖合同成立的必要条件，在理解有关法律规则的基础上，逐步提高签订合同的技巧和水平。这个技巧和水平需要在课堂学习中培养和锻炼，更需要在实务中进一步磨炼、考验和提升。要强化法治观念，遵纪守法，坚定运用法律、规则维护主体和国家利益的信念。

本章案例能更好地帮助学生在学习中掌握好国际贸易政策、规则及制定依据，在培养国际化视野、现代思维、分析解决国际经济贸易问题能力的同时，客观认识理解国际经贸关系中的中国国情、特色及国家、地区之间的差异，强化民族自豪感和责任担当，充分意识和认识到自己所肩负的大国复兴的历史使命。

二、坚持理论联系实际

在国际贸易中需要坚持理论联系实际，这也是任何学科学习的指导方针。理论的学习要联系实际，这是我们党的光荣传统和优良作风之一，是我们党领导人民不断取得革命、建设和改革胜利的重要保证。坚持理论联系实际，自觉运用理论指导实践，把科学理论转化为推动实现“两个一百年”奋斗目标、实现中华民族伟大复兴中国梦的强大力量具有重要意义。理论联系实际，前提是学懂弄通理论、掌握思想真谛。在学懂弄通做实上下苦功夫，在深化认识中提高认识，切实增强贯彻落实的思想自觉和行动自觉。要坚持实事求是、求真务实，从实际出发理解理论知识，使提出的点子、政策、方案符合实际情况、符合客观规律、符合科学精神，以创造性的工作把党中央的决策部署落到实处。

第十一章

Chapter 11

国际货物贸易方式

第一节 章前导读

一、教学目标

1. 知识目标

了解国际贸易的基本方式，掌握各种贸易方式的内容、运行过程及其适用条件，明确各种方式的特点和异同。

2. 能力目标

能灵活运用各种国际贸易方式，具备处理不同贸易方式下的交易条款及贸易纠纷的能力。

3. 价值目标

培养家国情怀，正确认识中国外贸成就与国际话语权；培养创新意识，理解科技创新引领产业升级和贸易结构调整；培养风险意识，树立底线思维、机遇意识和风险意识。

二、教学内容

国际货物贸易方式是指国际间商品流通的做法或形式，主要包括一般贸易和加工贸易，此外，还有其他一些贸易方式。

一般贸易方式是指买断贸易方式，即通常的进出口贸易方式，主要包括经销、代理、寄售、展卖、招投标、拍卖等。

加工贸易方式是指一国的企业利用自己的设备和生产能力，对来自国外的原材料、零部件或元器件进行加工、制造或装配，然后再将产品销往国外的贸易做法。中国对加工贸易赋予保税进口的特定含义，是指从境外保税进口全部或部分原辅材料、零配件、元器件、包装物料，经境内企业加工或装配后，将制成品复出口的经济活动。

第二节 案例分析

案例 11.1

国际寄售合同违约

【案例介绍】

2017 年 6 月 1 日，香港 H 公司与北京 Y 公司签定《寄售合同》，约定由 H 公司将其位于香港特别行政区的奢侈品（手表、皮包）通过 Y 公司的电商平台向内地销售，H 公司将寄售货物运往 Y 公司指定的长沙保税区仓库长沙李顺供应链管理有限公司（以下简称李顺公司）管理。货物运抵李顺公司后，Y 公司即可在其电商平台上展示和销售，销售利润 Y 公司分 70%，H 公司分 30%。Y 公司承诺于 2017 年 12 月 1 日前包销合同价值 70% 货物。如果销售价值不足 70%，则由

Y 公司一次性购买不足部分，购买价格为附件中的成本价格。Y 公司应于 10 日内向 H 公司支付货款和利润，逾期支付应按应付货款的每日 1% 支付违约金。剩余货物按 H 公司指定时间和地点退回，逾期退回按剩余货物价值的每日 1% 支付违约金。

2017 年 7 月 28 日，H 公司将寄售货物存入保税区仓库后李顺公司出具收货说明。由长沙保税区李顺公司负责，H 公司与李顺公司就货物的管理事项签订仓储合同，但所有仓储费用由 Y 公司承担，货物的毁损、灭失的风险由 Y 公司承担，而货物所有权仍属于 H 公司，货物所有权自 Y 公司全额支付相应货款后转移。

Y 公司在其平台销售货物，但并未于 2017 年 12 月 1 日前销售完合同价值 70% 的货物。根据约定，Y 公司应按合同附件所列货物成本价一次性购买销售价值不足 70% 部分的货物，并将剩余 30% 货物退还 H 公司。

双方均认可，案件为涉及香港特别行政区的民事诉讼案件，根据双方在《寄售合同》的约定："本合同应根据中华人民共和国（不含香港、澳门、台湾地区）法律法规解释。"因此，中华人民共和国内地法律应作为处理本案当事人争议的准据法。

双方均认可，以 2017 年 8 月 17 日汇率作为 Y 公司未付货款折合人民币的标准，即按 7.4 欧元、6.4 美元、6.8 瑞士法郎计算。最后一次结款时间为 2018 年 7 月 19 日。

本案争议焦点在于：

（1）Y 公司是否违反了《寄售合同》的约定，应支付 70% 成本价的货款及退回未销售货物？

（2）违约金起算日期是什么时间？

H 公司认为，截至 2018 年 9 月，Y 公司通过其平台销售的货值分别为 18882.5 瑞士法郎、58772.96 欧元。货值 70% 货物的成本价分别为 77964.25 瑞士法郎、156556.11 欧元、1028.17 美元。Y 公司应当向 H 公司支付的货款为 59081.75 瑞士法郎、97783.15 欧元、1028.17 美元，按 2017 年 12 月 1 日外汇牌价中间价折算为人民币 1171044.76 元。Y 公司应向 H 公司返还货值 30% 的货物成本价分别为 33413.25 瑞士法郎、67095.48 欧元、440.64 美元，共折合人民币为 753374.94 元。

截至起诉之日，Y 公司并未向 H 公司支付任何货款，也未将剩余 30% 货物返还。2018 年 9 月，双方对销售货品、成本价、销售利润进行了核账，该期间销售货物的成本价为人民币 259361. 62 元，30% 的销售利润为人民币 16252. 38 元，以上共计人民币 275613. 98 元，Y 公司并未向 H 公司支付。根据约定，Y 公司应对未付货款及未还货物均按每日 1% 支付违约金。

Y 公司认为，截至上诉，《寄售合同》约定的货物所有权及管理权均在 H 公司，与 Y 公司无关，H 公司要求 Y 公司承担货物价值、返还货物没有合法及合理依据。

合同约定的违约金条款表述有歧义，界定不清，不具有可执行性。《寄售合同》中违约金的适用前提是 2017 年 12 月 1 日后 Y 公司未能销售本合同价值 70% 的货物时，此处时间节点界定不清。由于违约金起算时间约定不明确，故不应赔偿违约金。

【案例分析】

（1）《寄售合同》是双方当事人的真实意思表示，内容不违反中国法律、行政法规的强制性规定，应当认定为合法有效。H 公司与 Y 公司应当按照《寄售合同》约定履行相应义务。对于不能依照合同约定履行相应义务的，应当承担继续履行、采取补救措施或者赔偿损失等违约责任。

本案中，Y 公司未在约定期间内支付合同价值 70% 未卖出部分的货款，并且未依约将合同价值 30% 货物退回 H 公司，已经构成违约，应当按照合同约定承担相应违约责任。被告 Y 公司应向原告 H 公司支付货款，总计人民币 275613. 98 元，退还与人民币 753374. 94 元等值的货物。

（2）《寄售合同》约定的包销到期日为 2017 年 12 月 1 日，约定的违约金起算日为 2017 年 12 月 11 日。因 2017 年 12 月 1 日后，H 公司未及时向 Y 公司主张相应权利，且 Y 公司于 2017 年 12 月 1 日后仍在其电商平台销售 H 公司的货物，并向 H 公司支付相应货款，故不应将 2017 年 12 月 11 日作为违约金起算点。由于交易双方最后一次结款时间为 2018 年 7 月 19 日，故 2018 年 7 月 19 日应当为合同实际履行中双方当事人认可的包销到期日，违约金起算日应为 2018 年 7 月 29 日。

案例 11.2

假借进料加工贸易推销劣质原料

【案例介绍】

2018 年 4 月台湾 G 公司与江苏 C 公司就进料加工业务进行磋商。双方协商，由 C 公司向 G 公司购买面料、辅料，再加工制成毛绒玩具，由 G 公司包销。经双方反复协商，于 2018 年 4 月 18 日，正式签订了购货合同与销售合同。购货合同约定，由 C 公司向 G 公司购买面料、辅料，共计 40 万美元，装货期预计在 5 月 10 日—17 日，由高雄港运往连云港。结算方式为远期信用证支付。销售合同涉及金额 56 万美元，由 G 公司在首批毛绒玩具装运前 30 天开出信用证支付。

签约当日，C 公司即开立了远期信用证，5 月 12 日，由台湾发来的面料、辅料到达连云港，经商检部门检验不合格，质量存在问题，规格也与合同不符。C 公司立即向台湾方面通报此情况，但台湾方面答复说，此笔交易是进料加工复出口业务，江苏 C 公司只需按原料加工，无须考虑原料质量问题。得到上述答复，C 公司开始加工，顺利完成第一批玩具。然而临近交货，对方的信用证还未开到，多次催促，对方想尽各种办法搪塞，并且提交鉴定报告说毛绒玩具的填充物不足，拒绝开出信用证。C 公司通过调查，发现 G 公司提交的是篡改的另一批玩具的报告。通过此事，C 公司意识到 G 公司根本无诚意做此笔交易，他们的目的仅仅是推销劣质原料。9 月 22 日，C 公司将案件提交仲裁。2019 年 2 月 3 日，中国国际经济贸易仲裁委员会在北京作出如下裁决：①解除该笔进料加工的销售合同；②G 公司向 C 公司支付因其违约造成的经济损失 48 万美元，并于裁决之日起 45 天内支付完毕。

【案例分析】

C 公司在收到 G 公司的发盘以后，未对公司资信进行调查，在进口商品被商检部门检验为不合格商品，质量、规格都不相符时，也未引起注意，直到进口不合格原料被加工成毛绒玩具，而收不到对方开来的信用证时，才发现问题，经调查发现 G 公司伪造检验报告，目的是不回购“进料加工贸易”成品。

此案例给我们的启示：（1）交易前须对客户进行资信调查；（2）选择有利的支付方式。在进料加工中，通常采用对开信用证的支付方式。对外开出信用证的申请人和受益人分别是回购信用证的受益人和申请人，两张信用证应该互相关联、互相约束、互为条件，两张信用证同时生效。如果案中这笔业务采用对开信用证形式，那么，C公司委托开证行开出的支付面料款的信用证须等G公司回购毛绒玩具的信用证开出，且被C公司接受后，两证才同时生效。这样，G公司就不能从议付行骗得原料款，不会给出口企业和开证行带去损失。

案例11.3

外贸公司代理出口宝石损失惨重

【案例介绍】

2006年5月云南A商人（出口方）与香港B公司（进口商）签订出口宝石合同，A商人以没有出口经营权为由与B公司共同找到广东深圳C进出口贸易公司，经三方协商签订连环贸易合同：A商人与C公司签订内贸供货协议；香港B公司与深圳C公司签订代理进出口合同；合同规定总金额为600万港元；价格术语是EXW深圳；装运期为7月、8月、9月，使用粤港集装箱直通车运输方式，按货价的10%、80%、10%分三批出口；支付方式是每个月的中旬由云南A商人将货物运抵深圳指定仓库存货，深圳C公司每收到一批货物后三天内电汇货款至云南A商人，同时通知香港B公司派车派人上门检验合格后凭银行本票钱货两讫；在所有货物交付完毕后，云南A商人与香港B公司分别按合同总额的5%付给深圳C公司代理费。

在6月15日，云南A商人将合同规定的第一批货物（即合同货价的10%）运到深圳交C公司并通知B公司上门检验提货，经检验合格，C公司当即收到由南洋银行香港分行开出的银行本票，并在三天内将应付的人民币电汇付给云南A商人。但在7月12日交第二批货物（合同货价的80%）时，货到深圳后，C公司连续8天催香港B公司来检验，香港B公司称忙一直没有来验货，在7月16日深圳C公司按供货协议将80%的货款预付给云南A商人。香港B公司7月20日到深圳验货时，称所交货物的数量、质量与合同规定不符，请C公司转告云南A商人补足数量和修补好货物后再通知香港B公司来复验，合格后才提货，随车带来的银行本票没有交给C公司。C公司一直努力联系云南A商人来补足数量和修补货物，但过了第三批交货期乃至合同有效期，A 商人不来补充、修补货物，B 公司也不来验货提货，更不见付款。C 公司分别派人到云南和香港联系，查无此人，不见踪影。C 公司只好将货物放在货仓，重新请有关部门检验估价，证明是一批质量极差的残次宝石，货值不到人民币 5 万元。结果导致 C 公司损失了包括仓储、利息等费用在内的货款 400 多万港元。

【案例分析】

首先，作为代理商 C 进出口贸易公司对客户的资信情况一无所知。深圳 C 公司拥有进出口经营权，在代理业务中应对 A 商人和香港 B 公司的客户背景、经营范围、经营能力和支付能力进行全面调查；但 C 公司时至该年 9 月底仍对两公司情况一无所知，直到媒体通报云南不法宝石 A 商人勾结境外商人已诈骗中国多个省份超 5000 万元货款的情况后才如梦初醒，大呼上当。

其次，内、外贸合同条款不一致，导致 A 商人和香港 B 公司利用付款时间差获利。C 公司与云南 A 商人订立内贸供货协议的支付条款是：深圳 C 公司每收到一批货物后三天内电汇货款至云南 A 商人；深圳 C 公司在香港 B 公司派车派人上门检验合格后才能收到银行本票款项。即深圳 C 公司向云南 A 商人汇款在前，而收到香港 B 公司的银行本票在后。正是这一付款时间差条款，使 C 公司吃尽大亏。

再次，被过高的代理费冲昏头脑。代理合同列明在所有三批货物交付完毕后云南 A 商人与香港 B 公司分别付给深圳 C 公司 5% 的代理费，此条款既未订明支付的方式和工具，也存在代理费过高的问题。按理来说，A 商人与香港 B 公司双方事先已基本达成协议，只是找 C 公司作为其代理商，那么代理费由谁支付应事先已经谈妥，而不存在双方各支付代理费的问题，如果各自支付代理费，也以合计 5% 为限。这一条款的订立，明显带有引人入“瓮”之嫌。设定“商检软条款”，对进出口商品进行商品检验，按国际惯例一般采用离岸品质/数量，允许买方复验的做法。如果允许买方上门检验，并限制检验结果作为付款条件之一，就相当于卖方或代理人有可能面临因买方不上门检验、检验不合格或检验机构不出检验单而无法收回货款的风险。本案例的事实正是代理人的疏忽导致其在“家门口”失去了保护自己权益的机会。

最后，分批数量的不对等已埋下危机。合同中“按货价的 10%、80%、10% 分三批出口”的条款，是一个再明显不过的危机条款。一般而言，分批出口都体现为等量出口，合同中第二批为货价的80%，明显有失常理。结果是第一批货的10%安全收汇，让C公司尝到了甜头，而后的80%却让A商人和香港B公司空手套白狼。如果在签订进出口代理合同时多加注意，分析异常，就会阻止诈骗的发生。

案例 11.4

定牌加工（OEM）业务侵权

【案例介绍】

汕头制衣有限公司（S公司）与墨西哥B公司有长达3年的合作。2019年，B公司提出了和S公司加强合作的意向，于该年5月17日两公司签订了一份合作意向书，B公司在意向书上承诺出资30万美元支持S公司扩建一条年产60万件衬衫的生产线，并承诺在阿拉伯联合酋长国市场独家代理S公司的自有品牌“BAK”衬衫。另外，协议上也申明，双方的合作在8月进入实质性阶段。意向达成后的6月1日，B公司下了一个订单，要求S公司定牌加工6000件、总价值为3.2万美元的两款男式衬衫。除了1500件用自有品牌“BAK”外，另外4500件男式衬衫要求在袖口、领子等处贴上“VERSACE”的标徽，对此S公司负责人虽感奇怪，但却未多加思索就按合同进行了生产。6月18日，6000件衬衫生产完毕，该公司将之交付汕头市出入境检验检查局进行检验。但是就在该公司完工和申请报检前几天，汕头市质量技术监督局（以下简称汕头市质监局）收到范思哲中国商业有限公司的代理人的一份举报传真。投诉书上称，“VERSACE”系列为世界著名商标，其中国商标的所有者为范思哲中国商业有限公司。该公司经调查和取证，发现S公司正在加工假冒“VERSACE”品牌服装，因此依法投诉，请求查处。就此，汕头市质监局有关执法人员开始对S公司展开调查。18日下午，就在该公司的160箱衬衫经汕头出入境检验检查局检验合格、准备启运海关的时候，突然赶到的汕头市质监局执法人员以“涉嫌假冒”名义查封了该批衬衫。6月29日，范思哲中国商业有限公司对S公司加工的“VERSACE”衬衫作出鉴定结论：S公司假冒范思哲公司特定品质的产品。7月16日，汕头市质监局认为S公司的行为已经违反《中华人民共和国产品质量法》第五十条，责令其停止生产相关产品，依法没收

4500 件“VERSACE”衬衫，并罚款 5 万元。对此，S 公司措手不及。为了挽回声誉，S 公司负责人一方面委托有关咨询公司查询“VERSACE”商标的真实情况；另一方面求助于 B 公司，希望其说明事实。但是，S 公司等来的却是一纸“休书”。8 月，B 公司在《订单赔偿信及合作意见取消声明》中委婉地告诉该公司：“尽管我们对此也感到非常的抱歉，但是货物至今不能够从中国发运，严重影响了我方的业务和商业信誉……我们必须向 S 公司提出索赔。”随后，B 公司对 S 公司罚款 2.7 万美元，并在 B 公司的应付款中执行。让 S 公司倍受打击的是，B 公司在声明中进一步称：另悉，由于 6 月 1 日合同是被汕头市质监局无故扣押，B 公司对汕头不良的投资环境感到震惊，因此将中止一切与 S 公司的合作意向和贸易往来。

求助外商无效的 S 公司在有关部门协调无果的情况下，将汕头市质监局告上了法庭。9 月 24 日，汕头市某区法院以“事实不清、证据不足、超越职权”为由一审判决汕头市质监局败诉。对此，汕头市质监局表示不服并提起上诉。12 月 7 日，二审法庭汕头市中级人民法院审理后撤销了一审判决结果，维持汕头市质监局的行政处罚决定。

【案例分析】

本案例中，汕头 S 公司有以下失误之处。

（1）签订定牌加工合同时缺乏保护商标权条款。一旦发生商标使用权纠纷，加工出口公司就必须承担商标侵权责任。国内企业在接受外商委托从事定牌加工业务时，应当通过有关的产权管理部门、知识产权服务机构或其他途径查明外商委托人是否为该项知识产权的合法拥有者、是否有权使用，在定牌加工合同中应约定企业履行合同所进行的定牌加工活动被第三方指控侵权时的应诉责任以及指控成立时的赔偿责任。S 公司如果能在签订定牌加工合同时明确保护商标权条款，就不会遭遇巨额损失。

（2）没有审查委托方主体资格及商标权使用合法性。按国际惯例 B 公司本应提供有关商标使用权的合法性证明，但 S 公司收到 4500 件男式衬衫的袖口、领子等处贴上“VERSACE”的标徽的订单时，公司负责人员虽对此略感奇怪，但却未多加思索，仅凭传真订单和商标式样就组织了加工生产，最终陷入了侵权陷阱。

（3）打错了官司、告错了对象。就本案例来看，显然S公司一开始就陷入了B公司精心设置的圈套。B公司利用多年的合作关系和出资支持扩建衬衫生产线的承诺，使S公司负责人稀里糊涂地上了其跨国制假售假的贼船。汕头市质监局对此假冒案进行查处是保护知识产权、维护中国国际声誉的正当行为，S公司理应积极配合查处而不是将其告上法庭。另外，本案例中S公司本身也是一个受害者，是值得同情的一方。在本案例中，S公司应主动说明情况，以争取有关部门的理解和支持，并将蓄意欺诈的不法外商B公司告上法庭，依法保护自己的合法权益，同时避免更多的国内企业上当受骗。在市场竞争激烈的情况下，有人下订单当然是好事，更何况委托加工的还是名牌。可是，在经济利益面前，企业要谨防陷入侵权陷阱。

（4）在代理销售协议中没有签好货款支付条款。本来在签订代理销售协议时，应签订完善的代销款支付条款，以保证我方及时、足额地从代理方收回销货款。但从本案例来看，S公司显然没能做到这一点，以致纠纷发生时被B公司从其应付货款中单方面扣去了2.7万美元的所谓罚款。

就本案例来说，我们可以从中得到以下教训和启示。

第一，要有针对性地对各出口加工企业业主和业务员进行与知识产权相关的教育与培训，组织他们学习相关的国际惯例，提高企业的自律意识。

第二，出口加工企业务必重视“定牌加工”的管理工作。对外接单时，如客户要求加工出口的产品使用特定的品牌和款式，按国际惯例应要求其出具相关证明材料，核实知识产权状况，避免企业在“定牌加工”中出现假冒仿冒、虚假标注、商标使用不规范等问题。

第三，各出口加工企业应逐步建立和完善“定牌加工”台账制度，积极探索建立企业“定牌加工”备案或存查制度，指定专人负责“定牌加工”有关资料，包括客户、品牌等资料的电脑录入核查工作。政府有关部门应不定期派人到各出口加工企业检查“定牌加工”业务的开展和备案情况，促进中国“定牌加工”业务健康稳定地发展。

第四，尽快修改与完善现行有关“打假”的法律法规，明确鉴定假冒伪劣产品的法定机构，防止地方保护主义，大力加强对造假侵权行为的打击力度；同时加强知识产权保护领域的国际合作，严厉打击不法外商以“定牌加工”为幌子的跨国制假售假行为，维护中国正常的经济环境与良好的国际形象和声誉。

第五，促进出口加工企业树立品牌意识，实施品牌发展战略，鼓励和扶持更多的企业争创著名商标、驰名商标。

案例 11.5

来料加工由于“信用证软条款”引起的索赔

【案例介绍】

浙江一家玩具生产企业（以下简称 S 公司）在 2020 年 6 月 4 日经中间人介绍与美国 B 公司签订一份来料加工毛绒玩具的合同。订明由 B 公司供应毛绒玩具所需各种原料，S 公司按 B 公司规定的数量、规格、质量标准、包装、交货期限等要求进行生产加工和返销毛绒玩具成品。结算方式条款规定 B 公司在签约后 20 天内开出不可撤销的即期付款循环信用证，以支付加工费及运回成品的运费、保费；S 公司则须在签约后 20 天内开出与所收原料价值相符的履约保函。合同的检验条款规定，B 公司在成品起运前指定检验机构在 S 公司进行检验。检验结果如符合美国国家相关进口标准，由检验机构出具合格证书；如不符合进口标准，检验机构将拒绝出具合格证书，则 B 公司可在 S 公司开立的履约保函下收回其原料、运费，外加损失赔偿款。

在合同的不可抗力条款中规定：如果由于美国的毛绒玩具规格要求有变动，而且这种变动是 S 公司和 B 公司都必须遵守的，B 公司提出要修改或变换，需及时将情况通知 S 公司，且 S 公司需于 30 天内做出答复，说明能否按照新规定执行。如因执行规定而影响加工成本，双方应协商确定新的价格；如果 S 公司无法遵照办理，则按人力不可抗拒处理，不作为 S 公司违约论处。合同签订后，S 公司经由国内 H 银行于 8 月 6 日开出有履约保函性质的备用信用证，金额为 70 万美元，以 B 公司为受益人，申明 S 公司在收到原料后按规定交付产品的证明书、已供原料的发票和提单副本（或 S 公司收到原料的收据），支取原料费用、运费及罚款等款项。S 公司在开出该备用信用证时尚未接到 B 公司应开来的不可撤销的即期付款的循环信用证以偿还 S 公司的加工费、运费、保费等，故另加了“未生效条款”，以促使 B 公司及早开来信用证（以下简称来证）。9 月 30 日，B 公司经其银行开具了一张不可撤销信用证，其中要求随附单据栏内有一项为瑞士通用检验公证行（SGS）或其代理人出具的装运前检验成品符合合同规定的合格证明书。

S公司遂将其开出的信用证修改为生效。同年10月19日，B公司修改其来证条款，把符合合同规定的字样改成符合美国国家标准。S公司无异议。在合同签订后，B公司陆续运来各种生产原料，均由S公司收讫。也是在合同签订后，美国提高了毛绒玩具的相关质量标准，B公司曾将新的标准要求通知S公司，S公司未能在接到通知后30天内向B公司提出不能遵照办理加工的答复。第一批成品加工完毕即将出运前，B公司通知SGS的代表到S公司进行检验，SGS的代表检验后以不符合美国的现行标准为由，拒绝出具合格证书，因而使S公司无法履约出运货物。而B公司却以S公司未按合同规定期限交货为由，出具索赔声明书，连同其以前发出原料的发票及提单副本，证明S公司不能履约，在C银行开出的履约备用信用证下索赔巨额价款。结果S公司蒙受巨额损失。

【案例分析】

本案例中的合同规定了所加工的成品必须符合进口国政府机构所颁的进口标准，并由委托加工方委派检验机构进行返销前的检验。加工方在对其规定标准并不十分熟悉和并未随时把握的情况下，贸然接受了这种“软钉子”似的条款规定，因此其风险和后果很大。一般来料加工以对开信用证或银行保函为支付方式进行结算的不在少数。如果在签订合同前未对其条款仔细审查，量力而行，把履约的主动权掌握在自己手里，同时把返销责任合理地加予对方，那么就很可能授柄于人，造成自己不能履约的被动局面，以致蒙受损失。

信用证应以合同为基础，严格按照单证相符的原则，在单据中列入该检验条款。合同中的软条款移植到信用证中后，就会独立于合同，这就导致原本不可撤销信用证变成实质上随时可以撤销的信用证，其中的受益人如不能遵照其条款办理，就会丧失交货和索偿的权利。

就本案例而言，合同中订有人力不可抗拒条款，包括如果该国的进口标准有所变动，致使加工方无法履约，加工方在接获委托加工方通知起的30天内提出撤约可作为人力不可抗拒论处。在本案例的中途，确实发生了进口国标准提高的情况，此时若加工方审慎对待，深入衡量自己的加工能力，尽早邀请对方委派检验机构进行成品检验，限定在30天内或更早给出结论，如在限期内给不出结论须将

30天延长，则时间上还是来得及提出撤约的。可惜加工方没有认真对待和努力争取，拖过30天期限，使原来可作为撤约的正当理由徒然丧失，反而背上了违约之责。如果合同条款能订立成另一种样子，即改由国内的检验机构凭对方提供的符合进口国标准的来样（由进口商或其指定的检验机构检验后寄到国内的检验样品）进行生产过程中的随机检验，并于装运前出具检验合格证书，以代替原订条款，那么就既可做到质量符合标准要求，委托方可以放心，又可在生产中及时发现没有达标的批量，及时纠正或返工，避免在装船前已经大量整批待运时再发现问题而造成巨额损失。这是在来料加工这种贸易方式下可以建议采用的检验方式。当然，事前必须与国内的检验机构妥善商量，认可后才能订立成交合同。

案例启示：

（1）在来料、来样加工业务中，如有检验后出运的做法和要求，发料、发样者应与国内检验机构订立委托协议，具体限定标准和要求以分清责任，委托机构的费用也可由委托方承担。一般来说，进口海关应是以变动后的标准作为货物检验通关的标准来掌握的，而加工方的生产则每天每时都在进行。在变动前加工的成品不符合变动后的新标准的可能性也随时存在。在这种时间差的情况下，按未变动的标准加工出来的成品势必无法出运，对于其损失，应订明归委托加工一方负担比较合理。

（2）信用证上列有所谓“软条款”的问题可以有不同的表现形式。一种是在信用证中规定：“信用证项下的付款只有在货物清关或由主管当局批准进口后才支付。”另一种就像本案例中的信用证，把含有同样意思的条款做成一种单据，如要求受益人提交公证机构对于货物是否符合进口国规定的检验报告，符合的才能支付货款，不符合的就丧失了信用证下支取货款的权利。本案例涉及后一种条款，是装运前的检验合格，如果不属于加工贸易，还来得及停止出运，另作处理。但是案中为特定的进口商生产的，转销其他国家有困难，那么也将造成库存积压，蒙受经济损失。所以，在取得合格的检验报告以前，受益人仍须承担风险。注意到了上述风险，就必须加强对来证条款的审查，做到证同一致。如发现来证中额外加列“软条款”，必须向进口商交涉删除。必要时（如开立一张履约保函或备用信用证）需核对有关合同的条款，如发现其中存在“软条款”，就要向申请人提出，拒绝开证或收取充足的保证金，避免以后可能产生的纠纷。

第三节 思政元素

一、正确认识中国外贸成就与国际话语权

随着中国改革开放逐步深入，对外开放程度不断提高，对外贸易战略坚持“引进来”和“走出去”相结合，产业结构和对外贸易结构得到积极优化和提升。案例中，我们可以看到改革开放的过程中存在各种困难，国际贸易方式存在一定的不合理性，特别是在加入 WTO 初期中国对贸易规则不够熟悉。但在对外开放的过程中，中国综合利用两个市场、两种资源，一方面，为了保障企业顺利“走出去”，中国政府不断深化“放管服”改革，加强对中国企业对外发展的全方位政策保障，助力其在国际市场上站稳脚跟，谋求在全球产业链中的核心地位；另一方面，为了更好地吸引外资“走进来”，中国政府积极优化营商环境，融入互惠互利的区域经济圈，设立自由贸易区和贸易港，加快建设对外开放区域平台，给外资来华经营注入“安心剂”。通过“走出去”和“引进来”战略，中国对外贸易取得了一系列举世瞩目的成就，企业对国际贸易规则更加熟悉，参与外贸工作经验更加丰富，中国在全球经济中的话语权和在全球产业链中的地位不断提升。

二、科技创新引领，实现可持续发展

习近平总书记指出：“我们必须把发展基点放在创新上，通过创新培育发展新动力、塑造更多发挥先发优势的引领型发展。”① 创新是多方面的，包括理论创新、体制创新、制度创新、人才创新等，但科技创新地位和作用十分显要。在经历了 40 多年的高速发展后，中国经济已经难以通过依靠粗放的要素投入发展方式来支撑。传统产业要升级换代、转型发展，产品从“大路货”走向中高端，都离不开创新。拼规模的粗放式发展没有出路，只有依靠科技力量，不断推动产品创新才

① 习近平．深入理解新发展理念［J］．求是，2019（10）：4－16.

是企业发展的路径和方向。只有企业不断创新与突破，才能真正优化产业结构，从根本上解决出口结构的问题，避免片面追求加工贸易、补偿贸易中的微小利润而落入贸易陷阱。因此，我们必须从创新中探寻未来的增长动力，积极发展新技术、新应用，不断提高资源能源效率和全要素生产率。习近平总书记为创新赋予了更加全面的内涵，凸显了科技创新的引领作用，只有抓住科技创新这个“牛鼻子”，才能真正实现有质量、可持续的全面创新，最终建成昂首勇立于世界潮头的创新型国家。

三、增强机遇意识和风险意识

“十四五”规划中指出，当前和今后一个时期是我国各类矛盾和风险易发期，各种可以预见和难以预见的风险因素明显增多。我们必须坚持统筹发展和安全，增强机遇意识和风险意识，树立底线思维，把困难估计得更充分一些，把风险思考得更深入一些，注重堵漏洞、强弱项，下好先手棋、打好主动仗，有效防范化解各类风险挑战，确保社会主义现代化事业顺利推进。新发展背景下的中国外贸企业需要在把握发展机遇的同时增强风险意识，实现科学发展和全局安全相统一。外贸企业既要主动学习国际公约、惯例，又要灵活运用贸易规则，把握国际贸易的主动权，在市场中寻求合法、合理的办法化解危机，增强企业风险意识和承担能力。

第十二章

Chapter 12

跨境电子商务

第一节 章前导读

一、教学目标

1. 知识目标

理解跨境电商的内涵、特点与模式分类，了解基本业务流程、跨境平台运营规则、跨境电商客服的基本职责，掌握售前咨询回复的技巧、售中服务沟通的方法、售后服务跟进方法和纠纷处理技巧。

2. 能力目标

理解不同跨境电商平台的运营模式及其特点，正确认识主流跨境电商平台规则，正确地在跨境电商平台发布产品，有效地进行售前、售中、售后服务沟通、处理客户纠纷，以便选择适合的跨境电商运营平台，为更好地开展跨境电商运营奠定基础。

3. 价值目标

增强爱国主义精神，增强遵纪守法守规和知识产权保护意识，养成诚实守信的职业素养，构建完善的跨文化知识和沟通技巧体系。

二、教学内容

“跨境电子商务”是电子商务专业核心课程之一，属于交叉学科，既有国际经济与贸易等专业的特点，又有电子商务专业的特点。该课程以培养跨境电商实务复合型人才为目标，切合企业对跨境电商实务人才的高标准要求。通过开放、多维、立体的多边经贸合作模式的学习，加深对互联网时代下跨境电子商务的认识，提高对多边资源的优化配置能力，配合政府推动助力经济发展和外贸优化升级。课程包含跨境电商概述、跨境商务平台、跨境电商实务平台操作、跨境电商视觉设计、跨境电商营销方式、跨境电子支付、跨境物流、客户服务八大章节内容。课程内容组织重点突出对目标职业能力的培养，理论知识的选取紧紧围绕工作任务完成的需要展开，旨在帮助学生掌握专业、全面的跨境电商知识，紧跟跨境电商浪潮，同时培养学生具备实际就业中需要拥有的心理素质和职业素养，既满足企业对学生职业技能的要求，又兼顾学生对相关理论知识的学习需要。

第二节　案例分析

案例 12.1

跨境平台违规行为

【案例介绍】

2022 年 6 月 7 日，张女士向“电诉宝”投诉称自己于今日收到速卖通平台发来的邮件称其店铺严重违规，永久关闭店铺，并且关闭国际支付宝账号 6 个月，且不退还1万元押金。张女士认为平台发布违规原因理由不够充分，速卖通称张女士的店铺涉嫌销售假货、严重侵犯他人知识产权或规避处罚等行为。张女士表示，按照平台规则，先是扣分，累积到一定程度将会闭店，直接一封邮件判定严重侵权并关闭店铺不退押金是非常不合理的，而且涉嫌违规的品牌平台仍然有其他链接在售卖，但是却偏偏判定张女士是严重侵权，并且不退押金，这是极不合理的。

【案例分析】

在本案例中，张女士在跨境电商平台速卖通上经营的店铺涉嫌销售假货、严重侵犯他人知识产权或规避处罚，违反了全球速卖通平台规则，导致直接关闭商家店铺并不退押金。

跨境电商的定义：狭义跨境电商是指跨境零售电商，分属于不同关境的交易主体，借助互联网达成交易、支付结算，并采用快件、小包等行邮方式通过跨境物流将商品送达消费者手中的交易过程，包括9610、1210、1239等海关监管代码模式；广义跨境电商是指处于不同国家（地区）的交易主体，通过电子商务的手段将传统进出口贸易中的展示、洽谈和成交环节电子化，并通过跨境物流送达商品、完成交易的一种国际商业活动，包括进出口跨境电商、跨境电商（B2B、B2C、C2C）及9710、9810等海关监管代码和相关服务商。

全球速卖通俗称“国际版淘宝”，属于跨境电商出口平台。跨境电商出口是指国内电子商务企业通过电子商务平台达成出口交易、进行支付结算，并通过跨境物流送达商品，完成交易的一种国际商业活动，可分为跨境一般贸易和跨境零售。跨境电商出口的流程是生产商或制造商将商品在跨境电商企业的平台上展示，在商品被选购下单并完成支付后，跨境电商企业将商品交付给物流企业进行投递，经过两次（出口国和进口国）海关通关商检后，最终送达消费者或企业手中，也有的跨境电商企业直接与第三方综合服务平台合作，让第三方综合服务平台代办物流、通关商检等一系列环节，从而完成整个跨境电商交易的过程。案例中，张女士销售假货是指张女士在速卖通店铺上展示的产品和实际发货产品质量、款式等不一样，俗称“货不对板”或销售假货。

速卖通主要依靠阿里巴巴庞大的会员基础，全球速卖通成为目前商品品类较丰富的电子商务平台。全球速卖通市场的侧重点在于新兴市场，尤其是俄罗斯和巴西。全球速卖通的收费模式为“保证金+交易佣金”模式。首先，卖家入驻全球速卖通需要按要求缴纳保证金，按照经营类目不同收取 1 万～3 万元保证金；其次，卖家在全球速卖通的交易完成后需要按照规定缴纳相应的交易佣金，交易佣金按订单成交总金额（包含商品金额和运费）的 8% 或 5% 收取。本案例中，不退张女士押金就是指入住速卖通时所上交的“保证金”。

本案例中，张女士在速卖通上售卖产品，属于入驻跨境电商第三方平台。第三方平台提供方是为外贸企业自主交易提供信息流、资金流和物流服务的中间平台，它们不参与物流、支付等中间交易环节，其盈利方式是在交易价格的基础上增加一定比例的佣金作为收益，依托第三方平台，跨境电商企业能够减少经营难度，常见的第三方平台有亚马逊、eBay、wish、Shopee、Lazada 等。

每一个第三方平台均制定有相关平台规则。为保障用户的合法权益，速卖通制定了包括知识产权规则、禁限售规则、营销规则等规则，对于知识产权方面，全球速卖通平台严禁用户未经授权发布、销售涉嫌侵犯第三方知识产权的商品或发布涉嫌侵犯第三方知识产权的信息。若卖家发布涉嫌侵犯第三方知识产权的信息，或销售涉嫌侵犯第三方知识产权的商品，则有可能被知识产权所有人或者买家投诉，平台也会随机对店铺信息、商品（包含下架商品）信息、产品组名进行抽查，若涉嫌侵权，则信息、商品会被退回或删除，根据侵权类型执行处罚（见表 12－1）。

表 12－1　全球速卖通知识产权规则具体内容

侵权类型	定　义	处罚规则
商标侵权	严重违规：未经注册商标权人许可，在同一种商品上使用与其注册商标相同或相似的商标	三次违规者关闭账号
	一般违规：其他未经权利人许可使用他人商标的情况	（1）首次违规扣 0 分； （2）其后每次重复违规扣 6 分； （3）累计达 48 分者关闭账号
著作权侵权	未经权利人授权，擅自使用受版权保护的作品材料，如文本、照片、视频、音乐和软件，构成著作权侵权	（1）首次违规扣 0 分； （2）其后每次重复违规扣 6 分； （3）累计达 48 分者关闭账号
	实物层面侵权： （1）盗版实体产品或其包装； （2）实体产品或其包装非盗版，但包括未经授权的受版权保护的作品	
	信息层面侵权： 产品及其包装不侵权，但未经授权在店铺信息中使用图片、文字等受著作权保护的作品	

续表

侵权类型	定　义	处罚规则
专利侵权	侵犯他人外观专利、实用新型专利、发明专利、外观设计（一般违规或严重违规的判定视个案而定）	（1）首次违规扣0分； （2）其后每次重复违规扣6分； （3）累计达48分者关闭账号 （严重违规情况，三次违规者关闭账号）

其中：

（1）速卖通会按照侵权商品投诉被受理时的状态，根据相关规定对相关卖家实施适用处罚。

（2）同一天内所有一般违规及著作权侵权投诉，包括所有投诉成立（商标权或专利权，即被投诉方被同一知识产权投诉，在规定期限内未发起反通知，或虽发起反通知，但反通知不成立；著作权，即被投诉方被同一著作权人投诉，在规定期限内未发起反通知，或虽发起反通知，但反通知不成立）及速卖通平台抽样检查，扣分累计不超过6分。

（3）同三天内所有严重违规，包括所有投诉成立（即被投诉方被同一知识产权投诉，在规定期限内未发起反通知；或虽发起反通知，但反通知不成立）及速卖通平台抽样检查，只会作一次违规计算；三次严重违规者关闭账号，严重违规次数记录累计不区分侵权类型。

（4）速卖通有权对卖家商品违规及侵权行为及卖家店铺采取处罚，包括但不限于：①退回或删除商品/信息；②限制商品发布；③暂时冻结账户；④关闭账号。对于关闭账号的用户，速卖通有权采取措施防止该用户再次在速卖通上进行登记。

（5）每项违规行为自处罚之日起365天有效。

（6）当用户侵权情节特别显著或极端时，速卖通有权对用户单方面采取解除速卖通商户服务协议及免费会员资格协议、直接关闭用户账号及速卖通酌情判断与其相关联的所有账号、及/或采取其他为保护消费者或权利人的合法权益或平台正常的经营秩序，由速卖通酌情判断认为适当的措施。该等情况下，速卖通除有权直接关闭账号外，还有权冻结用户关联国际支付宝账户资金及速卖通账户资金，其中依据包括为确保消费者或权利人在行使投诉、举报、诉讼等救济权利时，其合法权益得以保障。

速卖通平台对于违规处理如下：

平台有权根据发布信息本身的违规情况及会员行为进行加重处罚或减轻处罚的处理。

恶意行为：包括但不限于采用对商品信息隐藏、遮挡、模糊处理等隐匿的手段，采用暗示性描述或故意通过模糊描述、错放类目等方式规避监控规则，同时发布大量违禁商品，重复上传违规信息，恶意测试规则等行为。对于恶意违规行为将视情节的严重性采取加重处罚措施，如一般违规处罚翻倍，或达到严重违规程度将关闭账号。

一般违规加重处罚：对于被认定为恶意行为的一般违规将进行加重处罚处理，如发现同类重复违规行为，二次处罚分数加倍（见表 12－2）。

表 12－2　全球速卖通违规行为处罚细则

处罚依据	行为类型	违规行为情节/频次	其他处罚
《禁限售规则》	发布禁限售商品	严重违规：48 分/次（关闭账户）	（1）退回/删除违规信息； （2）若核查到订单中涉及禁限售商品，速卖通将关闭订单，如买家已付款，无论物流状况均全额退款给买家，卖家承担全部责任
		一般违规：0.5～6 分/次（1 天内累计不超过 12 分）	

禁限售违规和知识产权一般侵权将累计积分，积分达到一定分值后将执行账号处罚（见表 12－3）。

表 12－3　全球速卖通禁限售违规和知识产权一般侵权扣分细则

积分类型	扣分节点	处罚
知识产权禁限售违规	2 分	严重警告
	6 分	限制商品操作 3 天
	12 分	冻结账号 7 天
	24 分	冻结账号 14 天
	36 分	冻结账号 30 天
	48 分	关闭

其中：

（1）一般违规：一天内（即首次违规处罚时间起 24 小时内）累计扣分不超过 12 分。

（2）严重违规，每次扣 48 分，关闭账号。

（3）全部在线商品及下架商品均在“平台抽样检查”范围之内，如有违规行为会按照相关规定处罚。

（4）以上商品列举并没有尽录全部不适宜在全球速卖通平台交易的商品，全球速卖通亦将不时地予以调整。

（5）针对恶意规避等情节特别严重行为（包括但不限于采用对商品信息隐藏、遮挡、模糊处理等隐匿的手段规避平台管理，经平台合理判断账号使用人本人或其控制的其他账号已因严重违规事件被处罚，账号使用人本人或其控制的其他账号被国内外监管部门立案调查、或虽未立案但平台有理由认为有重大嫌疑等严重影响平台管理秩序或造成一定负面影响的情况），平台保留直接扣除 48 分，关闭账号的权利。

本案例中，按照速卖通平台规则，张女士销售假货、严重侵犯他人知识产权或规避处罚等行为，属于严重违反跨境电商平台规则，平台可直接关闭账号。

案例 12.2

跨境进口电商平台售假

【案例介绍】

2022 年 3 月 4 日，李女士向“电诉宝”反映，其于 2021 年 11 月 9 日在考拉海购自营店铺购买某品牌乳液，出现售假现象。李女士声称其与其母亲使用产品都导致过敏，并且该产品味道跟李女士之前买的气味不同。李女士为了避免误会，将此产品给其公司用过该品牌乳液的同事鉴别，均发现气味不同，因此视为假货。李女士找售后反馈，售后一直以批次不同来回复李女士，李女士要求客服提供品牌授权以及采购凭证，客服拒绝提供，多次沟通后无果，李女士认为其合法权益受到侵害。李女士希望退货退款，并要求请相关部门核实。

【案例分析】

本案例中，李女士在考拉海购自营平台上购买的产品，由于产品问题与平台沟通，客服拒绝提供品牌授权及采购凭证，导致买家与卖家产生纠纷，该案例属于跨境电商中售后服务和纠纷问题。

案例中的“考拉海购”属于跨境电商进口自由平台，除了海淘模式外，根据不同的业务形态，可以将零售进口类跨境电商平台的运营模式分为五类，即海外代购模式、直发/直运平台模式、自营 B2C 模式、导购/返利平台模式及海外商品闪购模式。自营型电商在线上搭建平台，平台方整合供应商资源通过较低的进价采购商品，然后以较高的售价出售商品，自营型平台主要以商品差价作为盈利模式。自营型模式下的电商平台需要参与整个销售流程的运作，包括选品、供应商选择和物流与售后服务等多个环节。各类模式的特点及其业内代表如表 12－4 所示。案例中的“考拉海购”属于综合型自营 B2C 平台，主要经营范围多样化。

表 12－4　零售进口类跨境电商平台运营模式分类及其业内代表

平台运营模式	特　点	业内代表
海外代购	身处境外的人或商户为有需求的中国买家在当地采购商品，然后通过跨国物流将商品送达至买家手中，分为海外代购平台和朋友圈海外代购：海外代购平台采用 C2C 平台的模式，通过吸引符合要求的第三方卖家入驻为买家提供商品；朋友圈海外代购是依靠社交关系从移动社交平台自然生长出来的原始商业形态，难以继续发展	淘宝全球购、美国购物网
直发/直运平台	电子商务平台将接收到的订单发送给批发商或厂商，然后批发商或厂商按照订单信息以零售的方式向买家发送货物，是一种 B2C 模式，可以将其理解为第三方 B2C 模式	天猫国际、洋码头、跨境通、苏宁国际
自营 B2C	平台自己备货，分为综合型自营 B2C 平台和垂直型自营 B2C 平台。其中，垂直型自营 B2C 平台是指平台的自营商品品类集中于某个特定的范围，如食品、化妆品、奢侈品、母婴等	中粮我买网（垂直型自营 B2C 平台，食品类）、蜜芽（垂直型自营 B2C 平台，母婴类）
导购/返利平台	通常会与海外 C2C 代购模式配合，可以理解为海淘 B2C 模式＋代购 C2C 模式的综合体，即平台将自己的页面与境外 B2C 电子商务的商品销售页面进行对接，产生商品销售后 B2C 电子商务给导购平台 5%～15% 的返点，导购平台再将所获返点的一部分作为返利回馈给买家	55 海淘、极客海淘、什么值得买
海外商品闪购	一种相对独特的模式，属于第三方 B2C 模式	聚美海外购、唯品会海外直发专场、天猫国际环球闪购

案例中，李女士与客服沟通出现问题，这属于跨境电商产品售后纠纷处理，作为跨境电商平台，当客服人员遇到投诉纠纷时，要做好充分的准备，积极面对，一切以客户满意为目标主动与客户协商解决，提升客户的满意度，为自己得到更多的订单打下基础。在沟通过程中，客服人员可以按以下原则处理纠纷问题。

1. 运用有效的沟通技巧

当收到投诉时，客服人员首先要与客户进行有效沟通，这就要求做到及时回应，以及运用有效的沟通技巧。及时回应是指当客户对订单的执行和货物的质量感到不满意时，客服人员应马上回应，与客户进行友好协商。而且，速卖通平台对于纠纷的响应是有时间限制的，如果超过规定时间卖家不回应，响应超时，卖家将会被要求直接退款，所以，及时回应是处理纠纷的首要原则。

若是客户迟迟未收到货物，客服人员在可承受范围内可以给客户重新发送货物或考虑其他替代方案；若是客户对货物质量不满，客服人员应与客户进行友好协商，提前考虑好解决方案。

与客户沟通时，客服人员要注意沟通的技巧和语言的运用，努力做到“尽管货物不能让客户满意，态度也要让客户无可挑剔”。首先，要注意客户心理的变化，当发现客户不满意时，客服人员应尽量引导客户保留订单，同时也应满足客户一些其他的需求；当出现退款时，客服人员应尽量引导客户达成部分退款，避免全额退款退货。

一般情况下，客服人员应尽量以书面沟通的方式为主，避免与境外客户进行语音对话。用书面的形式沟通，不仅能让买卖双方的信息交流更加清晰、准确，也能够留下交流的证据，利于后期可能的纠纷处理。卖家要保持即时通信在线，经常关注收件箱信息，对于客户的询盘要及时回复。否则，客户很容易失去等待的耐心，卖家也很可能错失客户再次购买的机会。

2. 以客户为中心

客服人员在处理问题时，应坚持客户第一的原则，站在客户的角度考虑，出现问题想办法以友好的方式一起解决。如果公司可以承受一定范围内的退货率或纠纷损失，可以尽量让客户减少损失，这将会为自己赢得更多的机会。

另外，客服人员也要了解客户所在地的风俗习惯，了解不同国家和地区的语言文化习惯，以便沟通时拉近距离，并且有针对性地对客户进行回复。客服人员还要学会通过客户的文字风格判断客户的性格脾气。如客户使用的语言文字简洁精练，则可判断其办事可能是雷厉风行，不喜欢拖泥带水。卖家若根据客户的性格脾气，积极调整沟通方式，将有助于促进双方沟通的顺利进行。

3. 保留证据

客服人员应将交易过程中的有效信息都保留下来，如果出现了纠纷，可将其作为证据来帮助解决问题。交易过程中，客服人员应能够及时充分地举证，将相关信息提供给客户进行协商。

案例 12.3

跨境代购品商标侵权

【案例介绍】

“EVISU”是一个源于日本的高端牛仔品牌，有“日本牛王”的美誉。该商标为某国际有限公司注册取得，并授权上海 A 公司在国内独占经营并使用上述商标。2019 年 3 月 12 日，上海 A 公司发现，沈阳 B 公司利用网络销售平台，以代购的方式，销售被诉侵权商品。上海 A 公司认为“EVISU”商标经过在中国大陆范围内长期、广泛的使用，具有较高知名度。沈阳 B 公司在网上店铺内销售自称从韩国进口的“EVISU”品牌的服装，具有混淆的可能，易使相关公众对商品来源产生误认或认为服务来源存在特定联系，且沈阳 B 公司并没有取得合法授权，其行为已经构成商标侵权。沈阳 B 公司辩称，其代购的商品均非公司自行生产制作，系从韩国购进的正品商品，涉案商标在购进时已标注在商品上，而商品上所使用的商标均为在韩国已合法注册。沈阳 B 公司只是依国内消费者的指定，在收取费用后购买再发货给国内消费者，是代为购买韩国正品商品的行为，不属侵权行为。

【案例分析】

本案例中沈阳 B 公司以代购为由销售上海 A 公司在国内独占经营“EVISU”商标的产品，且事先未经商标注册人许可，该行为属于《中华人民共和国商标法》第五十七条第（一）项“未经商标注册人的许可，在同一种商品上使用与其注册商标相同的商标”，属于侵犯注册商标专用权。

本案例涉及跨境代购行为引发商标冲突的责任认定。首先，跨境代购行为的性质应认定为是买入再卖出的销售行为，将在境外购买的商品又在境内转售，使商品进入中国市场流通，如与在中国取得注册商标专用权的商标发生混淆，使公众对商品的来源产生误认，直接侵害的是中国商标权人对注册商标的专有使用权。本案例中，沈阳B公司将境外购买的商品在境内销售，与商标发生混淆，破坏了商标的识别功能，侵害了商标权人上海A公司的合法权益。其次，由于商标权具有地域性的特点，代购者将商品在国内再次销售，附着其上的标志产生识别作用，与国内商标权人的商标产生冲突。最后，代购商品上的商标使用行为，并未得到国内商标权人的许可。

案例12.4

跨境电商进口食品只有电子标签

【案例介绍】

2020年9月，余先生通过国内某知名跨境电商平台（以下简称A平台），向平台内入驻的一家香港跨境电商公司购买了某品牌纯可可粉。该商品为境外采购进入保税仓，余先生者下单后，订单推送至保税仓，商品完成打包交海关清关后，递送至余先生手中发现该商品外包装无中文标签，遂将A平台告上法庭。余先生认为，A平台交付的商品为进口食品，虽然在商品交易详情页对食品外包装英文标签相关内容进行了介绍，但却未按照食品安全法的相关规定在商品实物的外包装上加贴书面中文标签，应当认定为食品安全法规定的“不符合食品安全标准的食品”，A平台明知涉案商品不符合食品安全标准仍然销售给他，依法应当向原告承担退还购物款并支付10倍赔偿的责任。A平台认为商品系跨境食品，已在商品页面信息上详细展现了中文电子标签，同时在消费者下单前已履行告知义务，明确该商品无纸质中文标签，可在商品页面查看电子标签。

【案例分析】

本案例中，余先生通过跨境电商平台购买产品发现无中文标签，以不符合食品安全标准的食品为由与跨境电商平台产生纠纷。该案中商品实物虽无纸质中文标签，但商品经检测符合中国食品安全标准，法院认定其通过电子标签替代中文标签的行为亦不构成食品标签瑕疵，且根据商务部等六部门印发的《关于完善跨境电子商务零售进口监管有关工作的通知》文件要求，对跨境电商零售进口商品按个人自用进境物品监管，不强制要求加贴中文标签。跨境电商企业承担商品质量安全的主体责任，履行对消费者的提醒告知义务，会同跨境电商平台在商品订购网页或其他醒目位置向消费者提供风险告知书，消费者确认同意后方可下单购买。风险告知书包含以下内容："相关商品直接购自境外，可能无中文标签，消费者可通过网站查看商品中文电子标签。"

跨境电商零售进口作为一种新兴贸易模式具有特殊性，其产品入境后既具有商业性质，也是终端消费者个人自用的物品，基于其具有双重属性，对于跨境电商零售进口应充分保障消费者的知情权，并赋予其对商品的充分选择权。

案例 12.5

借助跨境电商进行走私犯罪

【案例介绍】

2021 年，运营某跨境电商平台的 A 公司和国外奶粉的进口商 B 公司进行合作，B 公司委托 A 公司通过某跨境电商平台为其提供服务。双方签订了《跨境电商订单推送服务合同》并约定：A 公司接受 B 公司的委托向海关推送跨境电商订单及支付单，A 公司收取推送订单金额 1% 的费用。通过签署合作，B 公司借助 A 公司进行进口产品，主要操作方式有两种。

（1）B 公司收集其在多个平台产生的跨境电商订单，再将搜集到的线上订单信息调低销售价格后整理成表格，通过 A 公司的跨境电商平台将实际未在该平台产生的订单信息推送给海关。为解决上述未在平台实际产生的跨境电商订单的支付问题，A 公司找到两家支付网络服务公司制作虚假支付单，在满足跨境电商交易订单信息与支付信息一致的要求后，再将订单和支付单推送给海关。商品清关后，由快递公司发送给消费者，共进口奶粉 50 余万罐。

（2）B 公司联系线下母婴店货主，通过搜集不同的身份证信息，将本应以一般贸易方式申报进口的奶粉，以跨境电商贸易方式向海关申报进口，同样交由 A 公司推单，货物从保税仓出仓并发送给母婴店，分别销售给两家母婴店货主各 20 余万罐。

A 公司和 B 公司通过借助跨境电商申报进口货物偷逃应缴税额共计 600 余万元。

【案例分析】

本案例中，A 公司和 B 公司合作，以第一种方式进口时，采取低报价格手法，以跨境电商贸易方式走私进口奶粉；采用第二种方式进口时，采取低报价格手法，将本应以一般贸易方式进口的奶粉伪报成跨境电商贸易方式进口，A 公司、B 公司的行为均构成走私普通货物罪。跨境电商零售进口，是指境内消费者通过跨境电商第三方平台向境外电商企业购买商品，并通过“网购保税进口”或“直购进口”运递进境的消费行为。

按照《中华人民共和国刑法》（以下简称《刑法》）第十四条规定，明知自己的行为会发生危害社会的结果，并且希望或者放任这种结果发生，因而构成犯罪的，是故意犯罪。其中 A 公司故意犯罪行为有三点。

（1）在《跨境电商订单推送服务合同》中，双方约定，在 A 公司为 B 公司提供的订单报关服务中，订单商品提报价格基于海关备案价格，在海关允许的不超过 30% 波动范围内提报。该约定体现出双方当时就未准备按照实际销售价格向海关提报，而是基于海关备案价格在某一范围内提报。

（2）A 公司为 B 公司实施的虚拟支付行为，实际上为 B 公司低报价格提供了方便，因为虚拟支付行为不是购买者真实的支付行为。

（3）虚拟支付行为是违反海关管理规定的，而 A 公司负责人对实施本案中的虚拟支付行为从一开始就是明知的。

首先，本案例中 A 公司为了赚取代理费，在明知 B 公司以低报价格、伪报贸易方式进口的情况下，仍然向其提供推单、虚拟支付等服务。可见 A 公司对于危害结果至少存在放任的故意。

其次，本案例中 A 公司根据向 B 公司提供的服务收取相应的费用属于违法所得。服务费的收费标准与代理其他合法行为时相同，并未因客户存在违法犯罪行为而刻意提高收费金额，没有因走私行为获取超额的利益属于合理所得，但该案中 A 公司收取的代理费，是协助 B 公司从事走私行为的报酬。这时收取的代理费已经不是公司的正常业务收入，而是从事违法活动而获取的利益，应当认定为“违法所得”。

最后，本案例中 B 公司为主犯，A 公司为从犯。在犯罪行为实施过程中，B 公司在向 A 公司提供进口信息时，未提供真实信息，明显有与 A 公司共同实施走私犯罪的故意，而非在 A 公司的误导下实施犯罪。而且，B 公司是走私行为的发起者，也是走私行为的最大获益者，综观全案，B 公司在共同犯罪中的地位和作用均重于 A 公司。B 公司在本案的产生、发展与获利中处于主导地位，应认定为主犯；A 公司在本案中相对于 B 公司起次要作用，系从犯。依据《关于常见犯罪的量刑指导意见》，对于从犯，应当综合考虑其在共同犯罪中的地位、作用等情况，予以从宽处罚，减少基准刑的 20%~50%；犯罪较轻的，减少基准刑的 50% 以上或者依法免除处罚。

本案例 B 公司和 A 公司所触犯的罪名为走私普通货物罪，按照《刑法》中走私普通货物物品罪及量刑标准进行判定。

（1）走私货物、物品偷逃应缴税额在五十万元以上的，处十年以上有期徒刑或者无期徒刑，并处偷逃应缴税额一倍以上五倍以下罚金或者没收财产；情节特别严重的，依照本法第一百五十一条第四款的规定处罚。

（2）走私货物、物品偷逃应缴税额在十五万元以上不满五十万元的，处三年以上十年以下有期徒刑，并处偷逃应缴税额一倍以上五倍以下罚金；情节特别严重的，处十年以上有期徒刑或者无期徒刑，并处偷逃应缴税额一倍以上五倍以下罚金或者没收财产。

（3）走私货物、物品偷逃应缴税额在五万元以上不满十五万元的，处三年以下有期徒刑或者拘役，并处偷逃应缴税额一倍以上五倍以下罚金。

单位犯前款罪的，对单位判处罚金，并对其直接负责的主管人员和其他直接责任人员，处三年以下有期徒刑或者拘役；情节严重的，处三年以上十年以下有期徒刑；情节特别严重的，处十年以上有期徒刑。

对多次走私未经处理的，按照累计走私货物、物品的偷逃应缴税额处罚。

B 公司和 A 公司偷逃应缴税额人民币 600 余万元，按照上述量刑标准单位直接负责的主管人员对应的基准刑为十年以上有期徒刑。因 A 公司在共同犯罪中起次要作用，是从犯，同时 A 公司已上交部分违法所得。法院对 A 公司负责人减轻处罚，判处有期徒刑三年，缓刑三年六个月。而 B 公司的负责人，因被认定为主犯，被判处有期徒刑十年。

近年来，通过跨境电商渠道实施的走私犯罪案件不断涌现。目前，跨境电商零售进口的违法违规类型主要有五种：一是境内企业与电商平台勾结，伪造消费者信息后恶意刷单，将一般贸易货物伪报成跨境电商货物，并在境内销售牟利；二是境内消费者在电商平台下单后，平台因不愿意透露客户隐私，而未将客户信息提供给境外电商企业，电商企业为符合报关要求，遂将涉案货物以虚假身份信息报关入境；三是境内企业与电商平台勾结，雇用他人以消费者名义向电商企业下单并付款，电商平台根据订单信息进行报关，涉案企业在货物入境后向被雇用人付款回购，并从雇用人处实际收取货物；四是境外非电商企业从事针对境内消费者的跨境销售业务，其委托境内企业负责报关，境内企业为牟取利益，与电商平台合谋，将实际生成于电商平台外的交易生成虚假订单，以跨境电商形式报关入境后，将货物交付境内消费者；五是境内电商平台为节省物流时间，伪造消费者信息用于刷单，将电商企业的货物以跨境电商形式报关入境后，再向有需求的境内消费者销售。

税款损失的界定标准。税款损失的判断不能脱离走私犯罪侵犯的客体。走私犯罪侵犯的是海关监管秩序，税款损失是衡量监管秩序受到侵害程度的具体表现。因此，税款的损失应当结合报关、通关环节的节点进行判断，只要在通关环节行为人违反监管制度，并少缴、漏缴应缴税款的，即符合了走私犯罪的成立条件。

而跨境电商零售进口行为是否造成税款损失需结合相关监管制度进行判断。根据国家《关于完善跨境电子商务零售进口监管有关工作的通知》规定，这类行为的监管要求主要有五条：一是商品范围符合清单要求；二是满足税收优惠限额；三是通过海关联网平台交易，实现三单相符或者三单信息真实；四是电商企业须为境外注册企业；五是进口商品系消费者个人自用，不得二次销售。

海关对于跨境电商零售进口监管制度是多维度的，既有消费者身份、电商企业的注册等要求，也有对物流、交易、支付等环节的监管。作为跨境电商的买方和卖方都应该遵守法律法规。

第三节 思政元素

一、实事求是，以诚待人

本章案例中，“全球速卖通”张女士涉嫌销售假货，“考拉海购”李女士疑似收到假货，该类行为不符合社会主义核心价值观中的诚信。“诚”，即诚实、诚恳，主要指主体真诚的内在道德品质：“信”，即信用、信任，主要指主体“内诚”的外化。“诚”更多是指“内诚于心”，“信”则侧重于“外信于人”。“诚”与“信”一组合，就形成了一个内外兼备、具有丰富内涵的词汇，其基本含义是指诚实无欺、讲求信用。千百年来，诚信被中华民族视为行为规范和道德修养，形成了独具特色并具有丰富内涵的诚信观。这样的诚信观在当今的市场经济和构建社会主义核心价值体系中具有极其重要的道德作用。

诚信，首先要外诚于人。党的十一届三中全会高度评价“实践是检验真理的唯一标准”，重新确立了“解放思想、实事求是”的正确思想路线，就是“外诚于人”，取信于人民群众，促成了改革开放的新局面。同样，跨境电商平台作为一个服务和贸易为一体的生态型服务平台，商品展示信息和交易的安全性应符合国家对产品质量和网络交易安全的要求，做到对预期使用人的诚信。张女士涉嫌销售假货，严重侵犯他人知识产权或规避处罚，没有履行一个平台卖家应该承担的义务，不仅损害了跨境电商平台的利益，也对整个跨境电商平台诚信的市场环境是一个沉重的打击。由于信息的不对称，人们只能通过对平台的评价了解该平台产品情况，一旦出现信任危机，将大大影响平台购买力，对跨境电商平台的运行贻害无穷。

诚信不仅要外诚于人，还要内诚于己，做人如此，经营企业、治理国家也是如此。改革开放后，以邓小平同志为核心的党中央从中国国情出发，确立了具有中国特色的社会主义道路，不再生搬硬套计划经济模式，并指出中国处于并将长期处于社会主义初级阶段，为经济建设提供了指导思想，取得了举世瞩目的成就。张女士使用一些不诚信的手段获取利益等，她也十分清楚造假迟早有败露的一天，但还是视之不见，理智完全被短期效益以及侥幸心理覆盖，最终导致更加严重的后果，并受到法律的惩处。

2020年初，新冠疫情席卷全球，中国的新冠疫情防控取得了令全世界难以置信的成就，又一次彰显了中国共产党强有力的领导能力以及社会主义制度的优越性。反观一些国家，政府传播虚假信息，公民对政府的信任也十分有限，导致新冠疫情迅速蔓延。中国取得抗击新冠疫情的阶段性胜利的关键在于中国共产党强大的凝聚力与号召力。人民坚信党代表了最广大人民群众的根本利益，对党的每一条指令都保持无条件的信任，对党的每一次号召都积极投身其中，这才取得了新冠疫情防控的阶段性胜利。

二、坚持人民至上理念

习近平总书记2012年6月28日在全国创先争优表彰大会上的讲话指出："始终坚持全心全意为人民服务的根本宗旨，是我们党始终得到人民拥护和爱戴的根本原因，对于充分发挥党密切联系群众的优势至关重要。我们任何时候都必须把人民利益放在第一位，把实现好、维护好、发展好最广大人民根本利益作为一切工作的出发点和落脚点。"这充分彰显了党和国家高度重视人民利益和人民需求，坚持全心全意为人民服务的初心和使命。在对外开放的过程中，党和国家始终坚持人民至上理念，将人民利益的实现和需求的满足作为制定一切政策的出发点和落脚点，确保政策的执行能够让人民生活得幸福美满。中国深化对外开放，是更好满足人民美好生活需要的客观要求。跨境电商平台是跨境交易的重要载体，案例12.2中李女士由于疑似在跨境电商平台上购买假货，客服拒绝提供品牌授权以及采购凭证，客服的这种行为不符合全心全意为人民服务的根本宗旨。客户服务作为买家与卖家沟通的重要桥梁，应及时解决买家困惑，缓解买家误会，服务好买家需求，才能促进中国跨境电商大发展，维护好人民群众根本利益。

三、提升法治意识，做诚实守信的企业家

2018年3月，十三届全国人大一次会议表决通过的宪法修正案中，将"健全社会主义法制"改为"健全社会主义法治"。从"制"到"治"的飞跃，标志着法治建设从法律制度向囊括立法、执法、司法、守法各环节的法治体系转变，法治中国建设迈入系统全面、协同高效的新境界。围绕建设中国特色社会主义法治体系、建设社会主义法治国家的总目标，党的十八届四中全会通过的《中共中央关于全面推进依法治国若干重大问题的决定》明确提出，"必须弘扬社会主义法治精神，建设社会主义法治文化，增强全社会厉行法治的积极性和主动性，形成守法光荣、违法可耻的社会氛围，使全体人民都成为社会主义法治的忠实崇尚者、

自觉遵守者、坚定捍卫者”，并强调，“推动全社会树立法治意识。坚持把全民普法和守法作为依法治国的长期基础性工作，深入开展法治宣传教育，引导全民自觉守法、遇事找法、解决问题靠法，把法治教育纳入国民教育体系，从青少年抓起，在中小学设立法治知识课程”。习近平总书记指出：“我们提出全面推进依法治国，坚定不移厉行法治，一个重要意图就是为子孙万代计、为长远发展谋。”只有内心尊崇法治，才能行为遵守法律。不断增强法治意识、持续提高法治素养，让社会主义法治精神成为全社会的价值共识。案例中，跨国公司通过跨境电商平台走私产品、跨境代购产品侵权案等体现了企业、公司或个人法治意识的薄弱，以及为谋取个人利益以侥幸心理打法律擦边球的心理。维护社会共同利益、遵纪守法守规是每个企业应承担的社会责任。企业家应始终将诚信守法作为经营活动中一项基本的准则、必备的素质、必须承担的责任。在认真经营、努力发展壮大使实力的同时，遵纪守法、率先垂范，营造风清气正的良好氛围，提升企业的软实力，提升全社会的文明程度。

参考文献

［1］高鸣霞．国际结算课程思政设计探索［J］．教育教学论坛，2020（6）：57－58.

［2］耿思嘉．红色文化资源在课程思政建设中的路径研究［J］．北京教育（高教），2021（2）：37－39.

［3］郭焕焕．高校思政课课程资源有效开发的两重维度及路径探析［J］．汉江师范学院学报，2021，41（1）：129－134.

［4］何菊，戴彩艳．计算机类专业课程思政教学改革［J］．福建电脑，2021，37（2）：158－160.

［5］黄光红．重庆率先在全国启动物流金融创新试点　首创铁路提单国际信用证　此举将有效破解进口企业动产质押融资难题［N］．重庆日报，2017－12－26（13）.

［6］黄卫平．国际贸易：理论与政策［M］．北京：中国人民大学出版社，2014.

［7］鞠萍，陈入画．思政元素融入《国际贸易实务》课程中的实践探索［J］．现代商贸工业，2021，42（28）：141－142.

［8］李华根．国际结算与贸易融资实务［M］．北京：中国海关出版社，2018.

［9］李仕春，华灯鑫，邵伟，等．工科专业实施课程思政的路径探析［J］．教育评论，2021（2）：94－98.

［10］李志军，尚增健．学者的初心与使命：学术研究与论文写作中的“数学化”“模型化”反思［M］．北京：经济管理出版社，2020.

［11］刘德标，罗凤翔．国际贸易实务案例分析［M］．北京：中国商务出版社，2008.

［12］马晶晶．国际结算课程思政设计探索［J］．河南教育（高等教育），2021（12）：76－77.

[13] 齐再前，林妍梅．以课程思政推动高水平本科人才培养体系建设 [J]. 北京教育（高教），2021（2）：30－32.

[14] 石玉川，周婷．国际贸易术语惯例与案例分析 [M]. 北京：对外经济贸易大学出版社，2007.

[15] 史志鹏，康朴．中欧班列载来“一带一路”好风光 [N]. 城市金融报，2020－08－21（5）.

[16] 孙彬．中欧班列国际铁路联运采用多式联运提单对策的研究 [J]. 铁道运输与经济，2016，38（4）：68－72.

[17] 王桂林，裴清清，陈曦，等．新时代高校课程思政与思政课程协同育人探析 [J]. 教育评论，2021（2）：106－112.

[18] 王军杰，申莉萍．从运单到提单：中欧班列规则创新 [J]. 西南民族大学学报（人文社会科学版），2020（6）：73－77.

[19] 吴国新．国际贸易实务 [M]. 北京：清华大学出版社，2011.

[20] 杨临萍．“一带一路”背景下铁路提单创新的法律正当性 [J]. 法律适用，2019（1）：13－21.

[21] 杨强，陈动，郑加柱，等．课程思政在教学中的实施与探索——以“遥感原理与应用”为例 [J]. 教育教学论坛，2021（6）：77－80.

[22] 姚洋，席天扬．中国新叙事：中国特色政治、经济体制的运行机制分析 [M]. 上海：格致出版社，2018.

[23] 尹建平．课程思政，强化价值观引领 [N]. 山西日报，2021－02－23（11）.

[24] 游新宇．国际贸易实务 [M]. 成都：西南财经大学出版社，2011.

[25] 于强．国际贸易术语解释通则 Incoterms 2010 深度解读与案例分析 [M]. 北京：中国海关出版社，2011.

[26] 曾章帆．浅析自然科学与社会科学研究方法的差异 [J]. 科技创新与应用，2015（6）：3－4.

[27] 朱春兰．新编国际贸易实务案例分析 [M]. 大连：大连理工大学出版社，2016.

[28] 左连村．国际贸易案例分析 [M]. 广州：中山大学出版社，2018.